LA PRIORIDAD
DE LA
oración

Otros libros de Charles Spurgeon publicados por Portavoz:

Apuntes de sermones

Cómo descansar en las promesas de Dios
(compilado por Jason K. Allen)

Cómo perseverar a través de las pruebas
(compilado por Jason K. Allen)

El poder de las Escrituras
(compilado por Jason K. Allen)

La prioridad de la oración
(compilado por Jason K. Allen)

Promesas y palabras de aliento para cada día

Solamente por gracia

C. H. SPURGEON

LA PRIORIDAD DE LA
oración

COMPILADO POR
JASON K. ALLEN

Editorial
PORTAVOZ

La misión de *Editorial Portavoz* consiste en desarrollar y distribuir productos de calidad —con integridad y excelencia—, desde una perspectiva bíblica y confiable, que animen a las personas a conocer y servir a Jesucristo.

This book was first published in the United States by Moody Publishers, 820 N. LaSalle Blvd., Chicago, IL 60610 with the title *Spurgeon on the Priority of Prayer*, copyright ©2021 by Jason K. Allen. Translated by permission. All rights reserved.

Este libro fue publicado originalmente en los Estados Unidos por Moody Publishers, 820 N. LaSalle Blvd., Chicago, IL 60610 con el título *Spurgeon on the Priority of Prayer*, copyright ©2021 por Jason K. Allen. Traducido con permiso. Todos los derechos reservados.

Edición en castellano: *La prioridad de la oración* © 2023 por Editorial Portavoz, filial de Kregel Inc., Grand Rapids, Michigan 49505. Traducido con permiso. Todos los derechos reservados.

Traducción: Daniel Menezo
Diseño interior: Kent Jensen
Cover illustration of Charles Spurgeon copyright © 2015 by denisk0/iStock (484302822). All rights reserved.

Ninguna parte de esta publicación podrá ser reproducida, almacenada en un sistema de recuperación de datos, o transmitida en cualquier forma o por cualquier medio, sea electrónico, mecánico, fotocopia, grabación o cualquier otro, sin el permiso escrito previo de los editores, con la excepción de citas breves o reseñas.

A menos que se indique lo contrario, todas las citas bíblicas han sido tomadas de la versión Reina-Valera © 1960 Sociedades Bíblicas en América Latina; © renovado 1988 Sociedades Bíblicas Unidas. Utilizado con permiso. Reina-Valera 1960™ es una marca registrada de American Bible Society, y puede ser usada solamente bajo licencia.

Las cursivas añadidas en los versículos bíblicos son énfasis del autor.

EDITORIAL PORTAVOZ
2450 Oak Industrial Drive NE
Grand Rapids, MI 49505 USA
Visítenos en: www.portavoz.com

ISBN 978-0-8254-5008-2 (rústica)
ISBN 978-0-8254-7030-1 (epub)

1 2 3 4 5 edición / año 32 31 30 29 28 27 26 25 24 23

Impreso en los Estados Unidos de América
Printed in the United States of America

Bendito es el hombre que tiene amigos que son como hermanos, pero aún más bendito es el hombre que tiene hermanos que también son buenos amigos. Yo soy un hombre así, bendecido con dos hermanos mayores que son también mis amigos más cercanos. Dedico con agradecimiento este libro a uno de esos hermanos, Greg Allen.

Contenido

Introducción		9
1.	Las condiciones del poder de la oración	13
2.	Orar y aguardar	35
3.	La última oración de David	55
4.	La llave de oro de la oración	69
5.	La oración, prueba de santidad	85
6.	No nos metas en tentación	101
7.	Orar sin cesar	125
8.	La acción de gracias y la oración	147
Agradecimientos		169

Introducción

POR JASON K. ALLEN

CASI 200 AÑOS después de su nacimiento, Charles Spurgeon sigue siendo todo un icono en el panorama evangélico. Su renombre tiene un alcance mundial y perdura en el tiempo. Los cristianos de todo el mundo hablan aún de Spurgeon. La mayoría de los que conocen la historia de la Iglesia conocen, como mínimo, los hechos más destacados de su vida y ministerio. Spurgeon nació en 1834, y vivió y ministró en Londres, Inglaterra, hasta su muerte en 1892. A los 19 años ya era pastor de una de las iglesias más grandes de Londres, e iba de camino a adquirir una reputación y una influencia mundiales.

Conocido como "el príncipe de los predicadores", Spurgeon, junto a su héroe George Whitefield, son considerados los dos mejores predicadores en lengua inglesa. El teólogo Carl F. H. Henry tenía razón cuando describió a Spurgeon como "uno de los inmortales del cristianismo evangélico".

Pero ¿qué hizo de Spurgeon un predicador tan impactante? ¿Qué convirtió el Metropolitan Tabernacle en una iglesia tan dinámica? Con relación a ambos casos, Spurgeon señaló la oración como el factor capacitador de su ministerio y de su iglesia. Cada lunes por la noche, los congregantes se reunían en el auditorio para celebrar una

LA PRIORIDAD DE LA ORACIÓN

reunión de oración que, según Spurgeon, era el secreto del poder de la iglesia. De igual manera, los domingos, mientras Spurgeon predicaba, el sótano del Metropolitan Tabernacle estaba a rebosar de miembros de la iglesia orando por el culto de adoración, la predicación de la Palabra de Dios, la conversión de pecadores y el propio Spurgeon. En ocasiones, Spurgeon llevaba al sótano a las personas que visitaban la iglesia y les decía: "Aquí está el motor de la iglesia".

Spurgeon no solo se sentía reconfortado por las oraciones de otros; él mismo se dedicaba a la oración. Después de su primer viaje a Londres, preguntaron al afamado evangelista estadounidense D. L. Moody si había tenido el privilegio de oír predicar a Spurgeon. Moody respondió: "Sí, pero aún mejor, le he oído orar".

Aunque era conocido como "el príncipe de los predicadores", la oración fue lo que catalizó su fervor espiritual y su impacto ministerial. Y la oración producirá el mismo efecto en todos nosotros.

Tanto en los tiempos de Spurgeon como en los nuestros, nos enfrentamos cada mañana a la tentación de elevar una oración rápida (o no hacer ninguna) para comenzar con nuestras responsabilidades diarias. Pero sobre este tema podemos aprender mucho de Spurgeon, y he compilado este libro con ese mismo propósito.

En este libro, he recopilado algunos de los mejores y más útiles sermones de Charles Spurgeon sobre la oración, y los he presentado de una forma que permite su máxima utilidad e impacto. Sin importar el peso de nuestras cargas, la profundidad de nuestra tristeza, las ambiciones de nuestras vidas, la intensidad de nuestro temor o la longitud de nuestra lista de tareas pendientes: primero debemos orar y descansar en Dios.

Espero que este libro no solo te familiarice con Spurgeon y con sus sermones sobre la oración, sino que te enseñe a orar de forma más bíblica, más fiel y, en definitiva, más eficaz.

1

Las condiciones del poder de la oración

RESUMEN:
Se enumeran los elementos esenciales del poder de la oración: volverse como niños en obediencia, reverencia, confianza y amor. Si prevalecen estos elementos básicos, nuestras oraciones no serán improductivas. Cuando nos acercamos a Dios observamos nuestras vidas y descansamos en su Espíritu para que dirija nuestras oraciones.

CITAS DESTACADAS:
"Sin importar tu condición anterior en esta vida, si ahora buscas con arrepentimiento el rostro del Señor, a través del Mediador designado, lo encontrarás".

"Creemos que las oraciones de los cristianos forman parte de la maquinaria de la providencia, engranajes en la gran rueda del destino, y cuando Dios induce a sus hijos a orar, ya ha puesto en movimiento una rueda que producirá el resultado por el que se ora, y las oraciones ofrecidas se mueven como parte de la rueda".

Sermón predicado por Charles H. Spurgeon el 22 de marzo de 1873. *Metropolitan Tabernacle Pulpit*, vol. 19.

1

Las condiciones del poder de la oración

> Y cualquiera cosa que pidiéremos la recibiremos de él, porque guardamos sus mandamientos, y hacemos las cosas que son agradables delante de él. Y este es su mandamiento: Que creamos en el nombre de su Hijo Jesucristo, y nos amemos unos a otros como nos lo ha mandado. Y el que guarda sus mandamientos, permanece en Dios, y Dios en él. Y en esto sabemos que él permanece en nosotros, por el Espíritu que nos ha dado.
>
> 1 JUAN 3:22-24

ESTA MAÑANA ME PROPONGO dirigirme a ustedes para hablarles de la importancia de la oración, y aspiro a estimularles a que oren por mí y por la obra del Señor en este lugar. Lo cierto es que no creo que pudiera encontrar un tema más importante o que tenga un peso mayor en mi alma. Si tuviera que hacerles una petición, sería esta: "oren por nosotros". ¿De qué serviría nuestro ministerio sin contar con la bendición divina, y cómo podemos esperarla a menos que la iglesia la busque? Lo diría incluso con lágrimas: "oren

LA PRIORIDAD DE LA ORACIÓN

por nosotros". Sean abundantes en la intercesión, porque solo así podrá aumentar o continuar nuestra prosperidad como iglesia.

Entonces me vino a la mente esta pregunta: ¿Y si hubiera algo en la iglesia que impidiera que nuestras oraciones tuvieran éxito? Esta es una pregunta que deberíamos plantearnos con toda sinceridad antes de que les exhorte a la oración. Tal como enseña Isaías 1, las oraciones de un pueblo impío pronto se convierten en abominaciones para Dios. "Cuando extendáis vuestras manos, yo esconderé de vosotros mis ojos; asimismo cuando multipliquéis la oración, yo no oiré".

Las iglesias pueden caer hasta un punto en que sus devociones se conviertan en iniquidad. Incluso la reunión solemne cansará al Señor. Es posible que en nuestros corazones haya maldades que hagan imposible que Dios tenga en cuenta nuestra intercesión. Si tenemos iniquidad en nuestros corazones, el Señor no nos prestará oído.

Si tenemos iniquidad en nuestros corazones, el Señor no nos prestará oído.

Según nuestro pasaje, hay algunas cosas esenciales para la prevalencia en la oración. Dios escuchará toda oración sincera, pero hay determinadas cosas que debe tener el pueblo de Dios, porque si no es así sus oraciones serán infructuosas. El pasaje nos dice: "Y cualquiera cosa que pidiéremos la recibiremos de él, porque guardamos sus mandamientos, y hacemos las cosas que son agradables delante de él". Nuestro tema consiste en los elementos esenciales del poder en la oración: qué debemos hacer, ser y tener si queremos prevalecer habitualmente con Dios en la oración. Vamos a aprender cómo convertirnos en personas como Elías o Jacob.

LAS CONDICIONES DEL PODER DE LA ORACIÓN

ELEMENTOS ESENCIALES DEL PODER DE LA ORACIÓN

De buen comienzo debemos hacer algunas distinciones. Existe una gran diferencia entre la oración de un alma que busca misericordia y la oración de una persona salva. Si buscas sinceramente la misericordia de Dios por medio de Jesucristo, la hallarás. Sin importar tu condición anterior en esta vida, si ahora buscas con arrepentimiento el rostro del Señor, a través del Mediador designado, lo encontrarás. Si el Espíritu Santo te ha enseñado a orar, apresúrate a ir a la cruz y a dejar que tu alma culpable descanse en Jesús.

A los salvos debemos hablarles de otra manera. Ahora se han convertido en el pueblo de Dios. Si bien ahora serán escuchados y obtendrán cada día la gracia que recibe todo buscador como respuesta a la oración, son ya hijos de Dios y, por lo tanto, se hallan sometidos a una disciplina especial. Dentro de esta disciplina, las respuestas a la oración ocupan un lugar importante. Hay algo que el creyente debe disfrutar por encima de la salvación en sí misma: misericordias, bendiciones, consuelos y favores que hacen que su vida presente sea útil, feliz y honorable, aunque no sin tener en cuenta el carácter de cada persona. No son factores de la salvación, sino que esos honores se conceden o no, dependiendo de nuestra obediencia. Si olvidan la obediencia, el Padre celestial no les otorgará esos honores. Las bendiciones esenciales del pacto de la gracia son incondicionales; la invitación a buscar misericordia se extiende a todo el mundo. Pero otras bendiciones selectas se dan o se niegan dependiendo de nuestra atención a las reglas del Señor dentro de su familia.

Pongamos un ejemplo común: si una persona hambrienta llamara a la puerta pidiendo pan, se lo darías, fuera cual fuera su carácter. También darás de comer a tu hijo independientemente de cómo se comporte. A tu hijo no le negarás nada que sea necesario para la vida, pero existen muchas otras cosas que tu hijo puede desear y que le darás si es obediente, pero no si actúa con rebeldía. Esto ilustra hasta qué punto llevará el gobierno paternal de Dios este asunto y adónde no llegará.

El pasaje no se refiere tanto al hecho de que Dios escuche la oración de sus siervos de vez en cuando, porque la escuchará incluso cuando sus siervos se han apartado del rumbo que les marca y cuando esconde su rostro de ellos. El poder de la oración que buscamos aquí es constante y absoluto, de modo que "cualquiera cosa que pidiéremos la recibiremos de él".

Obedientes como niños

Para esta oración existen determinados requisitos previos y factores esenciales, el primero de los cuales es la obediencia propia de un niño. Si carecemos de esta, el Señor puede decirnos: "Mas vosotros me habéis dejado, y habéis servido a dioses ajenos; por tanto, yo no os libraré más. Andad y clamad a los dioses que os habéis elegido; que os libren ellos en el tiempo de vuestra aflicción" (Jue. 10:13-14).

Cualquier padre les dirá que conceder la petición de un hijo desobediente fomenta la rebelión en la familia y le hace imposible gobernar en su propio hogar. A menudo, el padre debe decir: "Hijo mío, no has escuchado lo que acabo de decirte, y por lo tanto yo no puedo escuchar lo que me digas ahora". No es que el padre no ame a su hijo, sino que debido a ese amor debe manifestar su descontento al negarse a la petición de aquel que se muestra rebelde.

Dios actúa con nosotros como nosotros deberíamos obrar con nuestros hijos díscolos, y si ve que nos encaminamos al pecado y a la transgresión, parte de su disciplina consiste en decir: "Cuando

LAS CONDICIONES DEL PODER DE LA ORACIÓN

clames a mí no escucharé tu oración; no te oiré cuando me busques; no te destruiré, pero no gozarás de más riquezas de mi reino ni tendrás una prevalencia especial conmigo en tus oraciones".

En Salmos 81:13-16 vemos claramente que el Señor actúa de esta manera con su propio pueblo:

¡Oh, si me hubiera oído mi pueblo,
Si en mis caminos hubiera andado Israel!
En un momento habría yo derribado a sus enemigos,
Y vuelto mi mano contra sus adversarios.
Los que aborrecen a Jehová se le habrían sometido,
Y el tiempo de ellos sería para siempre.
Les sustentaría Dios con lo mejor del trigo,
Y con miel de la peña les saciaría.

Claro, si el hijo de Dios desobediente recibiera en sus manos la promesa de Mateo 21:22 ("y todo lo que pidiereis en oración, creyendo, lo recibiréis"), pediría algo que le permitiera prolongar su actitud de rebeldía. Esto no se puede tolerar jamás. ¿Consentirá Dios nuestras corrupciones? ¿Buscará combustible para las llamas de la pasión carnal? El corazón obstinado anhela una mayor libertad para volverse más obstinado; el espíritu orgulloso anhela elevarse todavía más para ser aún más altivo; el espíritu perezoso busca mayores comodidades para poder volverse más indolente; y el espíritu dominante exige más poder, a fin de tener más oportunidades para oprimir a otros.

> [Dios] nos dará lo que le pedimos si guardamos sus mandamientos, pero si nos volvemos desobedientes también rechazará las oraciones.

LA PRIORIDAD DE LA ORACIÓN

¿Escuchará Dios oraciones como estas? De ninguna manera. Nos dará lo que le pidamos si guardamos sus mandamientos, pero si nos volvemos desobedientes también rechazará las oraciones. Seremos bienaventurados si, por medio de la gracia divina, podemos decir junto a David: "Lavaré en inocencia mis manos, y así andaré alrededor de tu altar, oh Jehová" (Sal. 26:6).

Reverentes como niños

Junto a esta cualidad existe otra que es esencial para la oración victoriosa: la reverencia como niños. Fíjense en la siguiente frase: recibimos las cosas que pedimos "porque guardamos sus mandamientos, y hacemos las cosas que son agradables delante de él".

No permitimos que los niños cuestionen la idoneidad o la sabiduría de las órdenes paternas; la obediencia acaba donde empieza el cuestionamiento. El estándar del deber que tiene un niño no debe convertirse en el baremo del derecho que tiene su padre para mandarle algo. El motivo más importante para la acción de un niño que ama a sus padres es complacerlos, y lo más contundente que puede decirse para reprimir la acción de un niño cortés es que semejante curso de acción disgustaría a sus padres. Eso es precisamente lo que nos pasa en relación con Dios, quien es un Padre perfecto, y por consiguiente podemos, sin temor a equivocarnos, hacer que su complacencia sea nuestra norma para hacer lo que está bien, mientras que aquellas cosas que no le agradan sean lo que, por norma, no hagamos nunca.

Imaginemos que alguno de nosotros quiera imponer su voluntad y decir: "No voy a hacer lo que le agrada a Dios; pienso hacer lo que me apetezca". ¿Cuál sería, pues, la naturaleza de nuestras oraciones? Esas oraciones podrían resumirse en esta petición: "Deja que haga lo que yo quiera". ¿Y podemos esperar que Dios consienta

LAS CONDICIONES DEL PODER DE LA ORACIÓN

eso? ¿Pretendes que el Todopoderoso se baje de su trono y permita que un mortal lo ocupe? Si en tu hogar tienes a un niño que no muestra respeto por sus padres, sino que dice: "Quiero salirme con la mía en todas las cosas", ¿te doblegarás ante él? ¿Le permitirás que te dicte lo que debes hacer? La casa de Dios no está dispuesta así: no escuchará a sus hijos rebeldes, excepto movido por la ira y para responderles de la misma manera.

Recuerda cómo escuchó Dios la oración de Israel cuando pidieron carne, y cuando esta estuvo en sus bocas se convirtió en maldición para ellos (ver Nm. 11). Muchas personas se ven disciplinadas precisamente por la obtención de sus deseos. Debemos sentir una reverencia hacia Dios como la de los niños, de modo que sintamos: "Señor, si lo que te pido no te agrada, tampoco me agrada a mí. Pongo mis deseos en tus manos para que los corrijas. Tacha cualquier petición que te presente y no sea correcta, y añade cualquiera que pueda haber omitido. Buen Señor, si debería haberlo deseado, escúchame como si lo hubiera deseado. 'No se haga mi voluntad, sino la tuya'".

Este espíritu sumiso es esencial para la prevalencia constante con Dios en oración; la actitud contraria es un obstáculo seguro para la eminencia de la súplica. El Señor será reverenciado por aquellos que estén cerca de Él. Ellos no deben perder de vista el agrado de Dios en todo lo que hacen y en todo lo que piden, porque si no, Él no les mirará con favor.

Confiados como niños

En tercer lugar, el pasaje sugiere la necesidad de una confianza infantil: "Y este es su mandamiento: Que creamos en el nombre de su Hijo Jesucristo" (1 Jn. 3:23). A lo largo de las Escrituras, se habla de la fe en Dios como algo necesario para una oración de éxito. Debemos creer que Dios es aquel que recompensa a quienes lo buscan con diligencia. El éxito de nuestra oración será proporcional a nuestra fe. Esta es una norma fija del reino: "Conforme a vuestra fe os sea hecho" (Mt. 9:29).

Recuerda cómo habla el Espíritu Santo por medio de Santiago: "Y si alguno de vosotros tiene falta de sabiduría, pídala a Dios, el cual da a todos abundantemente y sin reproche, y le será dada. Pero pida con fe, no dudando nada; porque el que duda es semejante a la onda del mar, que es arrastrada por el viento y echada de una parte a otra. No piense, pues, quien tal haga, que recibirá cosa alguna del Señor" (Stg. 1:5-7). El pasaje habla de la fe en el nombre de Jesucristo, lo cual significa fe en su carácter declarado, en su evangelio, en la verdad relativa a su sustitución y su salvación. O puede significar fe en la autoridad de Cristo, de modo que cuando digo: "Hazlo en el nombre de Jesús", lo que quiero decir es: "Haz por mí lo que habrías hecho por Jesús".

> El éxito de nuestra oración será proporcional a nuestra fe.

Aquel que ora con fe en el Nombre no puede fracasar, porque Jesús ha dicho: "Si algo pidiereis en mi nombre, yo lo haré" (Jn. 14:14). Pero debe haber fe, y si no hay fe no podemos esperar que se nos escuche. ¿Entienden esto?

Volvamos a nuestra similitud con la familia. Supongamos que un hijo no cree en la palabra de su padre y no deja de decir que duda de su veracidad. Supongamos que ese hijo no se inmuta por tener que decir una cosa así, sino que más bien siente que es digno de compasión, como si fuera una debilidad que no pudiera evitar. No cree que su padre le dice la verdad, y declara que, aunque intenta creer la promesa de su padre, no puede hacerlo. Creo que un padre

LAS CONDICIONES DEL PODER DE LA ORACIÓN

de quien se desconfiara tan burdamente no se apresuraría mucho en satisfacer las peticiones de su hijo; de hecho, es muy probable que las peticiones del hijo desconfiado fueran tales que no pudieran concedérsele aunque su padre estuviera dispuesto a hacerlo, dado que gratificarían su propia incredulidad y deshonrarían al padre.

Por ejemplo, imaginemos que este hijo dudara de que su padre le va a proporcionar cada día el alimento necesario. Entonces podría decir: "Padre, dame suficiente dinero para que me dure los próximos diez años, porque entonces ya seré un hombre y podré ganarme la vida solo. Dame dinero para apaciguar mis temores, porque soy presa de la ansiedad". El padre contestaría: "Hijo, ¿por qué iba a hacer eso?". Y como respuesta obtiene: "Siento mucho decirlo, amado padre, pero no puedo fiarme de ti; tengo una fe tan débil en ti y en tu amor que temo que uno de estos días dejarás que me muera de hambre, y por lo tanto me gustaría contar con algo seguro en el banco". ¿Quién de ustedes, padres, escucharía la petición de ese hijo? Se sentirían tristes al ver que unos pensamientos tan deshonrosos pasaban por la mente de su hijo, y no cederían ante ellos ni podrían hacerlo.

Apliquense la parábola. ¿Hacen peticiones de esta misma naturaleza? No han sido capaces de confiar en Dios para que les proporcione el pan de cada día, y por consiguiente anhelaron lo que llaman "cierta provisión para el futuro". Quieren un proveedor más confiable que la providencia, una seguridad mayor que la promesa de Dios. ¡Son incapaces de confiar en la palabra de su Padre celestial! Insultamos al Señor de mil maneras al imaginar que "las cosas que se ven" son más sustanciales que su omnipotencia invisible.

Pedimos a Dios que nos dé de inmediato lo que no necesitamos en el presente, y es posible que nunca necesitemos, porque desconfiamos de Él. Hermanos, ¿no son reprensibles al hacer esto, y

LA PRIORIDAD DE LA ORACIÓN

esperan que el Señor contribuya a su necedad y la incite? ¿Deberá ceder Dios a su desconfianza? ¿Les concederá un buen montón de oro y de plata corruptibles que los ladrones puedan robar, y arcas llenas de prendas de vestir que alimenten a las polillas? ¿Querrían que el Señor actuara como si corroborara la idoneidad de las sospechas de ustedes y tuviera que confesar que no es fiel? ¡Dios no lo quiera! Por lo tanto, no esperen ser escuchados cuando la oración nazca de un corazón incrédulo: "Encomienda a Jehová tu camino, y confía en él; y él hará" (Sal. 37:5).

Amorosos como niños

El siguiente elemento esencial para una oración de éxito es el amor propio de los niños: "Que creamos en el nombre de su Hijo Jesucristo, y nos amemos unos a otros como nos lo ha mandado". Después de la fe, el gran mandamiento es el amor. Y se dice que "Dios es amor", de modo que podemos decir que "el cristianismo es amor". Si cada uno fuéramos una encarnación del amor, habríamos alcanzado la semejanza perfecta de Cristo.

Deberíamos abundar en el amor hacia Dios, Cristo, la Iglesia, los pecadores y los seres humanos en este mundo. Cuando un hombre no ama a Dios, es como un niño que no ama a su padre. ¿Prometerá ese padre cumplir absolutamente todos los deseos de su corazón carente de amor? O si un niño no ama a sus hermanos y hermanas, ¿le confiará el padre una promesa absoluta diciéndole "Pide y te será dado"? ¡No, porque el hijo falto de amor empobrecería a toda la familia con sus exigencias egoístas! Sin tener en cuenta a los demás en el hogar, solo le preo-

> Cuando un hombre no ama a Dios, es como un niño que no ama a su padre.

LAS CONDICIONES DEL PODER DE LA ORACIÓN

cuparía satisfacer sus propias pasiones. Pronto buscaría el reino solo para él. El egocentrismo no merece recibir poder cuando ora. A los espíritus sin amor no se les puede confiar promesas grandes, anchas, ilimitadas. Si queremos que Dios nos oiga, debemos amarle a Él y los unos a los otros. Porque cuando amemos a Dios, no pediremos nada que no le honre ni desearemos que suceda nada que no bendiga también a nuestros hermanos. Tienen que librarse del egoísmo antes de que Dios les pueda confiar las llaves del cielo, pero cuando el "yo" muera, Él permitirá que disfruten de sus tesoros.

También debemos actuar como los niños: "Y el que guarda sus mandamientos, permanece en Dios, y Dios en él" (1 Jn. 3:24). Es propio de los niños amar su hogar. El buen hijo, cuyas peticiones su padre siempre escucha, no ama ningún lugar tanto como la casa donde viven sus padres. Así, el que ama y guarda los mandamientos de Dios habita en Él, ha hecho del Señor su casa. Se ha hecho como Dios, y ahora hace oraciones que Dios puede responder.

Para gozar del poder de Dios es necesario vivir en Él. Supongan que uno de ustedes tiene un hijo que le dice: "Padre, no me gusta mi casa, no me importas y no pienso soportar las limitaciones del gobierno familiar; me voy a ir a vivir con desconocidos, pero vendré cada semana y te pediré muchas cosas, y espero que me concedas todo lo que te pida". Le dirá: "Hijo mío, ¿cómo puedes hablarme de esta manera? Si no me tienes en ninguna consideración, ¿puedes esperar que te ayude cuando demuestras una falta tan cruel de amor y una insubordinación malvada? No, hijo, si no permaneces a mi lado y me reconoces como tu padre, no puedo prometerte nada". Y lo mismo sucede con Dios.

Si permanecemos en Él, Dios nos dará todas las cosas. Si le amamos como debe ser amado y confiamos en Él como es digno de confianza, entonces escuchará nuestras peticiones. Pero si no, es irrazonable esperar que lo haga. Ciertamente, sería indigno del carácter divino cumplir deseos impuros y satisfacer caprichos perversos. Puede que te conceda el pan y el agua de la aflicción, pero sin duda no te concederá lo que desea tu corazón.

Una cosa más: debemos tener un espíritu como el de un niño, porque "en esto sabemos que él permanece en nosotros, por el Espíritu que nos ha dado" (1 Jn. 3:24). ¿Quién es este sino el Espíritu de adopción, el Espíritu que gobierna a todos los hijos de Dios? Los rebeldes que piensan, sienten y actúan de manera distinta a como lo hace Dios no deben esperar que Él se adecue a su forma de pensar, sentir y actuar. El Espíritu Santo, si gobierna en nosotros, supeditará nuestra naturaleza a su propia influencia, y entonces las oraciones que broten de nuestros corazones renovados estarán en consonancia con la voluntad de Dios, y como es natural Él les prestará oídos.

A ningún padre se le ocurriría hacer caso a un hijo rebelde. ¿Nos concederá Dios lo que le pedimos cuando es contrario a su santa mente? Semejante posibilidad es inconcebible. En nosotros tiene que haber la misma mente que hubo en Cristo Jesús, y entonces podremos decir: "Yo sé que siempre me escuchas".

LA FRECUENCIA DE ESTOS FACTORES ESENCIALES

Si tenemos fe en Dios no podemos dudar nunca de que escucha nuestra oración. Si reclamamos con fe el nombre y la sangre de Jesús, debemos obtener respuestas de paz. Pero aquí surgen incontables reparos. Si esas oraciones tienen que ver con las leyes de la naturaleza, los científicos se pondrán en contra de nosotros. ¿Y

LAS CONDICIONES DEL PODER DE LA ORACIÓN

qué? No conozco ninguna oración digna de ser formulada que no entre en contacto con una u otra ley natural, y sin embargo creo que Dios escucha las oraciones.

Algunos dicen que Dios no alterará las leyes naturales por nosotros, y yo contesto: "¿Y quién ha dicho que lo hará?". El Señor tiene maneras de responder a nuestras oraciones sin tener que recurrir a un milagro o a suspender las leyes de la naturaleza. Solía escuchar las oraciones por milagros, pero como ya les he dicho a menudo, esta parece una manera más complicada de alcanzar su propósito; es como detener una enorme maquinaria para obtener un resultado ínfimo, pero Dios sabe cómo alcanzar sus fines y escuchar nuestras oraciones, usando medios secretos que yo desconozco. Quizá existan otras fuerzas y leyes que Él ha dispuesto y que pone en marcha justo en los momentos en que la oración también actúa; leyes tan fijas, y fuerzas tan naturales, como las que han descubierto nuestros eruditos teóricos. Ni los hombres más sabios conocen todas las leyes que gobiernan el universo; no, ni una décima parte de ellas.

> El Señor tiene maneras de responder a nuestras oraciones sin tener que recurrir a un milagro o a suspender las leyes de la naturaleza.

Creemos que las oraciones de los cristianos forman parte de la maquinaria de la providencia, engranajes en la gran rueda del destino, y cuando Dios induce a sus hijos a orar, ya ha puesto en movimiento una rueda que producirá el resultado por el que se ora, y las oraciones ofrecidas se mueven como parte de la rueda. Si no hay otra cosa que la fe en Dios, Él tiene que, o bien dejar de ser o dejar de ser veraz, o bien responder a las oraciones.

LA PRIORIDAD DE LA ORACIÓN

La confianza en Dios

El versículo anterior a nuestro texto dice: "Amados, si nuestro corazón no nos reprende, confianza tenemos en Dios; y cualquier cosa que pidiéremos la recibiremos de él" (1 Jn. 3:21-22). Aquel que tiene la conciencia limpia se acerca a Dios con confianza, y esa confianza de la fe garantiza la respuesta a su oración. La confianza semejante a la de un niño nos hace orar como nadie más puede hacerlo. A menudo he sentido que hace falta más confianza en Dios para orar pidiéndole algo pequeño que alguna cosa grande. Imaginamos que nuestras grandes cosas son, de alguna manera, más dignas de la consideración de Dios, y luego pensamos que nuestras pequeñas cosas son tan insignificantes que sería casi un insulto ponerlas delante de su presencia. Pero deberíamos saber que lo que es muy grande para un niño puede ser muy pequeño para su padre, y aun así el padre mide aquello desde el punto de vista del pequeño. Nuestro Padre Dios es un buen Padre; se compadece de nosotros como los padres se compadecen de sus hijos, y nos muestra condescendencia. Cuenta el número de las estrellas y las llama por sus nombres, pero también sana a los quebrantados de corazón y venda sus heridas. Si tienes confianza en Dios llevarás ante Él tus cosas grandes y tus cosas pequeñas, y Él nunca traicionará tu confianza. La fe debe tener éxito.

> Si tienes confianza en Dios llevarás ante Él tus cosas grandes y tus cosas pequeñas, y Él nunca traicionará tu confianza.

El amor triunfante

A continuación, el amor también debe vencer, porque ya hemos

LAS CONDICIONES DEL PODER DE LA ORACIÓN

visto que el hombre que ama en el sentido cristiano es conforme a Dios. Si limitas tu amor a tu propia familia, no debes esperar que Dios lo haga, y no tendrá en consideración las oraciones confinadas a ese círculo. Si un hombre ama solo a sí mismo y espera que se malogre la cosecha de trigo de todos los demás, sin duda no puede esperar que el Señor esté de acuerdo con ese egoísmo. Si un hombre tiene suficiente corazón como para incluir en sus afectos a todas las criaturas de Dios, mientras ruega especialmente por la familia de la fe, sus oraciones serán conformes con la mente divina. Su amor y la bondad de Dios van de la mano. Aunque el amor de Dios es como un río caudaloso y arrollador, y a veces como un arroyuelo, ambos fluyen en la misma dirección y llegarán al mismo destino. Dios siempre escucha las oraciones de una persona que ama, porque esas oraciones son sombras de sus propios decretos.

De nuevo, Dios escuchará al hombre obediente porque esa obediencia le induce a orar con humildad y sumisión, pues su máximo deseo es que se haga la voluntad del Señor. Por lo tanto, sus oraciones son profecías. ¿Acaso no es él uno con Dios? ¿No desea y pide exactamente lo que Dios quiere? ¿Cómo podría fallar el blanco una flecha que parta de semejante arco?

La dificultad estriba en que no estamos en sintonía con Dios; si lo fuéramos, produciríamos la misma nota que Dios hace sonar, y la nota emitida por la oración en la tierra coincidiría con la que suena partiendo de los decretos del cielo. Una vez más, el hombre que vive en comunión con Dios comenzará a orar indudablemente, porque si habita en Dios, y Dios en él, deseará lo mismo que Dios desea.

Y aquí de nuevo, permítanme decirlo, nuestro pasaje habla del cristiano como alguien lleno del Espíritu de Dios: "Y en esto sabemos que él permanece en nosotros, por el Espíritu que nos ha dado" (1 Jn. 3:24). ¿Quién conoce la mente de una persona sino el espíritu que hay en ella? Entonces, ¿quién conoce las cosas de Dios sino el Espíritu de Dios? Y si el Espíritu de Dios habita en nosotros, entonces nos dice qué hay en la mente de Dios; intercede por los santos conforme a la voluntad de Dios.

A veces la gente imagina que las personas que prevalecen en la oración pueden pedir lo que quieran, pero les puedo asegurar que cualquiera de ellas les dirá que no es así. Pueden acudir a un hombre así y pedirle que ore por ustedes, pero no podrá prometerles que lo hará. Hay curiosas ataduras que limitan a esos hombres, cuando sienten, no saben cómo o por qué, que en determinados casos no pueden hacer oraciones fervientes y eficaces, aunque desearían hacerlo. Dios proporciona una discreción, un juicio y una sabiduría, y el Espíritu intercede por los santos conforme a la voluntad divina.

Dios proporciona una discreción, un juicio y una sabiduría, y el Espíritu intercede por los santos conforme a la voluntad divina.

APLICACIONES PRÁCTICAS

Creo que he expuesto con bastante claridad la enseñanza. Dediquemos ahora unos minutos a la mejora práctica, como solían decir antaño los puritanos. Solo deseo que pueda inducir a mejorar a muchos de nosotros.

Lo primero es que debemos orar para obtener una mayor bendición como iglesia. Creo que todos estarían de acuerdo conmigo si dijera que pretendemos pedir a Dios que envíe una bendición sobre la Iglesia universal. Muy bien. ¿Tenemos los ingredientes esenciales para el éxito? ¿Creemos en el nombre de Jesucristo? ¿Estamos llenos de amor por Dios y unos por otros?

El doble mandamiento ordena que creamos en el nombre de Jesucristo y nos amemos unos a otros. ¿Nos amamos unos a otros?

LAS CONDICIONES DEL PODER DE LA ORACIÓN

¿Caminamos en amor? Ninguno de nosotros es perfecto en este sentido. Empezaré confesando que no soy como debería ser en este ámbito. ¿Dejarán que la confesión circule entre todos? Que cada uno piense con cuánta frecuencia ha hecho cosas no motivadas por el amor, ha tenido pensamientos nocivos y dicho cosas duras, escuchado cotilleos agresivos y sin extender una mano de amor para prestar ayuda, sino empujar a alguien que ya estaba cayendo. Si en la Iglesia de Dios hay falta de amor, no podemos esperar que Él escuche nuestras oraciones. ¿Esperan que Dios salve a pecadores a los que ustedes no aman y convierta a almas por las que no sienten ningún interés? Debemos amar las almas para Cristo, porque, bajo el Espíritu Santo de Dios, el gran instrumento para la conquista del mundo es el amor, y si los cristianos aman más de lo que lo hacen musulmanes y judíos, prevalecerán sobre musulmanes y judíos, y si aman menos, serán estos los que prevalezcan sobre ellos.

> Si en la Iglesia de Dios hay falta de amor, no podemos esperar que Él escuche nuestras oraciones.

A continuación, ¿estamos haciendo lo que es agradable ante los ojos de Dios? Si no es así no podemos esperar respuesta a nuestras oraciones. Háganse todos esta misma pregunta. Que cada miembro de la iglesia la responda. ¿Han estado haciendo últimamente lo que les gustaría que Jesucristo viera? Enmienden sus caminos. Cuando los miembros de la iglesia de Dios no hagan lo que es agradable a sus ojos, cierran la puerta a la prosperidad; impiden que las oraciones de la iglesia tengan éxito.

La siguiente pregunta es: ¿habitamos en Dios? Es decir, durante el día, ¿pensamos en Dios? Un cristiano no tiene que acudir corriendo

LA PRIORIDAD DE LA ORACIÓN

a Dios por la mañana, y luego otra vez por la noche, usándole como un refugio provisional, como hace la gente con un arco o un pórtico, bajo los cuales se guarecen cuando cae la lluvia, sino que debemos habitar en Dios y vivir en Él desde que sale el sol hasta que se pone, convirtiéndole en nuestra meditación cotidiana y caminando bajo su mirada.

Por último, ¿actúa el Espíritu de Dios en nosotros, o es otro espíritu? ¿Esperamos en Dios diciendo "Señor, que tu Espíritu me indique qué decir en este caso, y qué hacer; gobierna mi juicio, somete mis pasiones, aplaca mis bajos instintos, y permite que tu Espíritu me guíe"? Pidamos a Dios que haga que el trigo sea más fuerte. En una iglesia siempre pasa una de dos cosas; o bien el trigo aplasta a las malas hierbas, o bien estas ahogan al trigo. Que Dios permita que en nuestro caso el trigo someta a la cizaña. Que Dios conceda a sus siervos gracia para ser lo bastante fuertes como para vencer el mal que les rodea y, habiendo hecho todo esto, se unan en la alabanza de la gloria de su gracia, que nos ha hecho aceptos en el Amado. Que el Señor les bendiga y esté con ustedes para siempre. Amén y amén.

2
Orar y aguardar

RESUMEN:
Spurgeon quiere fortalecer a los suyos para que busquen respuestas a la oración. Primero, Spurgeon ofrece una explicación y ofrece ejemplos del Antiguo Testamento sobre santos que esperaron respuesta a sus oraciones. A continuación, Spurgeon alaba el hecho de buscar respuesta a la oración. Honramos a Dios cuando esperamos una respuesta a la oración. Honramos sus atributos y su fiabilidad. Después Spurgeon reprende a quienes oran pero no esperan respuesta. Concluye haciendo una breve exhortación para que esperemos respuesta a las oraciones.

CITAS DESTACADAS:
"Aquel que ora sin esperar recibir una respuesta se burla ante el propiciatorio de Dios".

"Dejen que su percepción de la pobreza de sus oraciones les induzca a aborrecer sus faltas, pero no la oración en sí".

"Les exhorto, por el amor que sienten por Jesús, a que le concedan el honor de creer en la prevalencia de su ruego".

Sermón predicado por Charles H. Spurgeon el 23 de octubre de 1864.
Metropolitan Tabernacle Pulpit, vol. 10.

2

Orar y aguardar

> Estas cosas os he escrito a vosotros que creéis en el nombre del Hijo de Dios, para que sepáis que tenéis vida eterna, y para que creáis en el nombre del Hijo de Dios. Y esta es la confianza que tenemos en él, que si pedimos alguna cosa conforme a su voluntad, él nos oye. Y si sabemos que él nos oye en cualquiera cosa que pidamos, sabemos que tenemos las peticiones que le hayamos hecho.
>
> 1 JUAN 5:13-15

JUAN SE DIRIGE a quienes han creído en el Hijo de Dios, con la intención de que experimenten tres gloriosos ascensos al monte de Dios.

LOS TRES ASCENSOS

La plena seguridad de la fe

El primer ascenso que les invita a hacer es desde la fe hasta la plena seguridad de la fe. Les escribe en su condición de creyentes:

LA PRIORIDAD DE LA ORACIÓN

"Estas cosas os he escrito a vosotros que creéis en el nombre del Hijo de Dios, para que sepáis que tenéis vida eterna" (1 Jn. 5:13). Como creyentes, tenían vida eterna, pero una cosa es tener vida eterna, y otra, saber que tenemos esa vida. Un hombre puede conocer a Cristo en su corazón y aun así, en determinados momentos, puede tener dudas sobre si realmente tiene un conocimiento del Señor Jesús para salvación.

Sé que hay algunos a quienes no les gusta hacer una distinción entre la fe y la seguridad, pero cuanto más pienso en el tema, más impulsado me siento a hacerlo, no por el estímulo de la incredulidad sino para la consolación de esas ovejas débiles del rebaño, cuya fe no ha madurado convirtiéndose en seguridad. Los creyentes que hayan observado su propia experiencia se habrán dado cuenta de que incluso cuando se entregan con toda sencillez a Cristo Jesús, ni siquiera entonces pueden disfrutar en todo momento de la confortable persuasión de la seguridad, porque sus mentes están agobiadas y Satanás ha obtenido una ventaja sobre ellos. Confían en su Dios, pero lo hacen con parte del espíritu de Job cuando dijo: "He aquí, aunque él me matare, en él esperaré".

Incluso el más firme de los santos debe observar que, aunque siempre cree, no siempre se siente seguro. Este será el caso, sin duda, con los más débiles y con los jóvenes en la fe. Sé que la fe es una seguridad acerca de la verdad de Dios. Acepto gozoso la definición, pero les ruego que observen que existe una diferencia entre estar seguros de la verdad de Dios y estar seguro de que soy participante de la vida divina. Vengo a Cristo sin saber si murió especialmente por mí o no; pero confío en Él como el Salvador de los pecadores: esto es fe.

Sin embargo, habiendo confiado en Él, descubro que siento un interés particular y especial en el mérito de su sangre y en el amor de su corazón: esto es más seguridad que fe. Aunque la seguridad nacerá de la fe, ambas cosas no son idénticas. Podemos creer en Cristo y tener vida eterna y aun así tener dudas al respecto; no deberíamos tenerlas, pero aun así es posible que caigamos en semejante estado. Si creemos, el apóstol desea que alcancemos un estado superior y sepamos, infalible y gozosamente, que tenemos vida eterna. Si seguimos confiando en Jesús, descubriremos que en Él, igual que hemos alcanzado la fe, obtendremos también la seguridad de la fe. Este es el primer peldaño celestial.

El poder de la oración

Partiendo de la seguridad de nuestro interés en Cristo, el siguiente escalón nos lleva a una creencia firme en el poder de la oración: "Y esta es la confianza que tenemos en él, que si pedimos alguna cosa conforme a su voluntad, él nos oye" (1 Jn. 5:14). Mi creencia en la prevalencia de mi oración, en gran medida, debe depender de mi convicción de mi interés en Cristo.

Por ejemplo, este es el argumento de Pablo: "El que no escatimó ni a su propio Hijo, sino que lo entregó por todos nosotros, ¿cómo no nos dará también con él todas las cosas?" (Ro. 8:32). Por consiguiente, debo estar seguro de que Dios me ha dado a Cristo, y si Él me ha entregado a Cristo, sé que me dará todas las cosas. Pero si tengo alguna duda de que Cristo es mío, y de que soy el receptor del don inefable de Dios en Cristo, no puedo razonar como lo hizo el apóstol, y por lo tanto, no puedo tener la confianza de que mi oración ha sido escuchada.

> Si no tengo claro que Dios es mi Padre, no puedo acudir a Dios con la confianza de que me concederá mi deseo.

LA PRIORIDAD DE LA ORACIÓN

La paternidad de Dios es otro puntal donde apoyar nuestra confianza en la oración. Si no tengo claro que Dios es mi Padre, no puedo acudir a Dios con la confianza de que me concederá mi deseo. Seguro de ser hijo de Dios, confío en que mi Padre sabe lo que necesito y me escuchará, pero si tengo dudas sobre mi condición de hijo, mi poder en la oración se esfuma. Además, el hombre que tiene fe en Cristo ya ha recibido respuestas a la oración, y estas respuestas son algunos de los mejores apoyos para nuestra fe respecto al éxito futuro de nuestras peticiones. Pero si no tengo motivos para concluir que Dios ha escuchado mi oración pidiendo perdón, ¿cómo puedo acudir con confianza? No, hermanas y hermanos, ya que han creído en Jesús, busquen en primer lugar obtener el testimonio en su interior de que han nacido de Dios, y luego pasen de este peldaño de la gracia al siguiente, sabiendo y teniendo la certeza de que Él nos escucha siempre porque hacemos las cosas que le complacen y apelamos al nombre de nuestro Señor Jesucristo, que es el todo en todo para nosotros.

Dios responde a la oración

Si han ascendido el segundo escalón, el tercero no es difícil. Supone pasar de la creencia en que Dios responde a la oración a la convicción de que cuando han deseado alguna cosa de Dios en oración, por medio de Jesucristo, han obtenido respuesta.

Tenemos el cielo, pero aún no podemos disfrutar de este, de modo que es posible que obtengamos respuestas a nuestras oraciones y aun así, por lo que respecta a nuestros sentidos, quizá no hayamos recibido nada. Lo tenemos pero no lo vemos; es nuestro, pero nuestro Dios considera oportuno reservarlo durante un tiempo para una prueba posterior de nuestra fe. Si un hombre no tuviera nada más que lo que pudiera ver, su estado se vería sensiblemente mermado. De modo que podemos tener la respuesta a muchas de nuestras oraciones, tener la respuesta de verdad, y aun así, en el presente, la respuesta es imperceptible. Ojalá, queridos amigos, obtengamos la posición de gracia que supone saber que, habiendo buscado al Señor en oración por medio de Jesucristo, tenemos las peticiones que deseamos de Él.

Viendo que cuentan con la promesa de una respuesta a la oración, y que la respuesta debe acudir a ustedes, búsquenla. A menos que crean que tienen realmente una respuesta, no es probable que esperen atentos a que aparezca; pero si han llegado hasta el punto de creer que tienen la respuesta, ahora les ruego encarecidamente que la busquen y se regocijen.

LA EXPLICACIÓN DE LA ORACIÓN

En la cima del Carmelo, Elías dobló sus rodillas ante Dios y oró pidiéndole lluvia. Durante tres años no había caído sobre Israel ni una sola gota. Elías ora y, habiendo concluido su intercesión, le dice a su siervo: "Sube ahora, y mira hacia el mar" (1 R. 18:43). No pensaba que fuera suficiente haber orado; creía que había recibido la petición que deseaba de Dios, y por lo tanto envió a su siervo a mirar. La respuesta que recibió no fue muy positiva, pero Elías dijo a su siervo: "Vuelve siete veces", y esas siete veces el criado fue y miró.

No parece que Elías vacilara en su fe; creía que tenía la respuesta a su petición y, por lo tanto, esperaba verla pronto. Envió a su siervo hasta que al final este volvió con la noticia: "Yo veo una pequeña nube como la palma de la mano de un hombre, que sube del mar". Fue suficiente para la fe de Elías. Desciende del monte para decirle a Acab que prepare su carro de modo que la lluvia no le detenga.

David es otro ejemplo pertinente. Déjenme que cite esta única expresión: "Oh Jehová, de mañana oirás mi voz; de mañana me presentaré delante de ti, y esperaré" (Sal. 5:3). Igual que un hombre toma una flecha de la aljaba, David toma su oración y apunta hacia Dios. No dispara ni a la derecha ni a la izquierda, sino directamente hacia Dios. Ansioso por ver cómo vuela la saeta, mira al cielo para ver si el Señor acepta su deseo y sigue mirando para ver si recibe una respuesta de gracia. Esto es lo que quiero decir cuando afirmo que el cristiano sabe que tiene una respuesta a su petición y aguarda y observa hasta que llega.

Tomemos el caso del pobre Sansón, fuerte pero débil a la vez: tenía una fe tan fuerte como fuerte era su cuerpo. Después de que le volviera a crecer el cabello, fue llevado ante los filisteos para que se burlaran de él, y él oró pidiendo a Dios que le devolviera la fuerza aunque fuera una última vez. Fíjense en cómo creía que había recibido lo que pidió, porque le dijo al hombre que le condujo, ciego, al templo de los filisteos: "Acércame, y hazme palpar las columnas sobre las que descansa la casa, para que me apoye sobre ellas". ¿Y por qué pide estar allí? Porque cree que ha obtenido su petición. ¡Vean cómo, basándose en la fuerza de su creencia, derriba el templo de Dagón sobre las cabezas de los adoradores y demuestra el poder de la súplica de fe!

> El cristiano sabe que tiene una respuesta a su petición y aguarda y observa hasta que llega.

Pensemos también en el caso de Ana, una mujer con un espíritu entristecido. Oró sin usar la voz audible; solo movía los labios. En cuanto Elí le dijo que Dios había escuchado su oración, observen el cambio que se produjo en ella: "y no estuvo más triste". El hombre de Dios lo ha dicho, y eso es suficiente para ella. Las arrugas desaparecen de su frente y las lágrimas de sus ojos.

Un caso aún más maravilloso es el de Jacob, quien no solo cree en la utilidad de la oración, sino que no permitirá que el ángel le abandone hasta haberle arrancado su bendición. Esto supuso ir un paso más allá: no solo creer que existía una bendición y que la oración podía obtenerla, sino la determinación de no dejar de orar hasta disponer de alguna prueba visible de que la había obtenido. Esto era una fe firme. Puede ser un caso excepcional, sobre todo cuando pedimos misericordias temporales, pero puede haber momentos en los que digamos al ángel del pacto: "No abandonaré esta estancia hasta que me des tu respuesta".

Tengo que quejarme de mí mismo, y supongo que ustedes deben lamentarse de la misma manera, al ver cuánta oración nos falta. No enviamos al siervo a contemplar el mar; no permitimos que nuestro gozo se regocije cuando hemos derramado nuestro corazón delante de Dios. Esto forma parte de nuestra bajeza y de nuestra maldad.

UNA ALABANZA DE LA ORACIÓN

Permítanme que alabe la costumbre de aguardar una respuesta a la oración y de buscarla. Por este medio honran a Dios al cumplir su ordenanza sobre la oración. Aquel que ora sin esperar recibir una respuesta se burla ante el propiciatorio de Dios. Porque, ¿de qué sirve el propiciatorio si Dios ha dicho "busquen mi rostro" en vano? Si no llegan respuestas para las súplicas, estas son una pérdida de tiempo. Cuando ustedes no esperan una respuesta, juegan con la oración. El verdadero hombre de oración ha resuelto, en su propia alma, que debe recibir una respuesta.

Semejante espíritu honra también los atributos de Dios. Creer que el Señor escuchará mi oración honra su veracidad. Ha dicho que lo hará, y yo creo que cumplirá su palabra. Honra su poder. Creo que puede hacer que la palabra que sale de su boca no quede sin cumplimiento. Honra su amor. Cuanto más grandes sean las cosas que pido, más honro la generosidad, la gracia y el amor de Dios al pedirle tales grandezas. Honra su sabiduría, porque si le pido lo que me ha dicho que le pida y espero que me responda, creo que su palabra es sabia y que puedo guardarla con toda seguridad.

Hermanos en Cristo, permitan que alabe el arte bendito de creer en la eficacia de su oración porque, de esta manera, contribuirán a garantizar su propio éxito. Además, creer así en el resultado de la oración prueba la fe y la manifiesta. Quizás, nueve oraciones de cada diez que ofrecemos no valen la pena, porque no las hacemos bien. ¿Soy demasiado severo? Me refiero a nuestra acelerada oración matutina; me refiero a nuestra soñolienta oración nocturna; me refiero a esas peticiones formales en las que solo hemos expresado opiniones piadosas sin sentir emociones piadosas, expresando palabras sagradas sin que realmente salgan del corazón.

> Aquel que ora sin esperar recibir una respuesta se burla ante el propiciatorio de Dios.

Sin embargo, cuando oramos esperando una respuesta, esta es una señal segura de que nuestra oración no ha sido una mera formalidad. Entonces, la fe se aferra a Dios y aguarda, con la paciencia a su lado, sabiendo que pronto se abrirán las ventanas de los cielos y la diestra de Dios esparcirá su liberalidad sobre las almas expectantes. De modo que la fe aguarda y observa, y vuelve a esperar y a observar. Este es el motivo por el que la doctrina gloriosa de la segunda venida tiene un efecto tan bendito sobre parte del pueblo de Dios. Les hace ejercer su fe e introduce la esperanza en sus vidas. El diablo dice: "Seguro que Dios nunca escucha tus oraciones". Nosotros respondemos: "Tengo la petición, y aguardo hasta que Él deposite la respuesta en mi mano. Mi petición está allá en lo alto, lleva mi nombre y está guardada en el tesoro para mí, y la recibiré. Aguardo hasta que llegue el momento en que pueda recibir sin ningún problema lo que es mío incluso ahora".

Así que la carne susurra: "Es en vano", pero la fe dice: "No, la oración trae bendición; la oración es el Espíritu de Dios que vuelve de donde salió, y nunca fallará". "Pero ¿cómo es posible que un pecador como tú tenga esperanzas de que Dios le dé algo?", susurra la incredulidad. Pero la fe sigue esperando hasta que obtenga su recompensa.

Además, semejante hábito ayuda a poner nuestra gratitud delante de Dios. Nadie canta con mayor dulzura que quienes reciben respuesta a sus oraciones. ¡Oh! Algunos de ustedes elevarían a mi Señor dulces cánticos si lograran sentir cuando Él responde, pero quizá el Señor deja caer una respuesta a su petición y ustedes se limitan a decir "¡Ha sido suerte!", y Dios no recibe alabanzas por ello. Pero si en lugar de eso, hubieran estado esperando respuesta y la vieran venir, caerían de rodillas con santa gratitud, diciendo:

Amo al Señor: oyó mi clamor,
y se apiadó de mi gemir;
mientras yo viva, si problemas hay,
raudo a su trono acudiré.

(himno de Isaac Watts)

No voy a añadir nada más, no sea que al multiplicar las alabanzas acabe debilitando la fuerza de lo que digo. Nunca podré alabar lo suficiente este hábito. El hombre a quien Dios ha enseñado a orar con fe tiene a su disposición todos los tesoros de Dios. Disponemos de la llave privada del gabinete secreto del Señor. Somos ricos hasta el extremo de la bienaventuranza. Tenemos a nuestro alrededor la omnipotencia de Dios, porque tenemos poder para mover el brazo que mueve el mundo. Aquel que carece de esta misericordia es débil, está sumido en la pobreza, pero quien la ha obtenido es uno de los más poderosos en el Israel de Dios y hará grandes cosas.

UNA AMABLE REPRENSIÓN

Habiendo hablado así, por la vía de la alabanza, nos detendremos un instante para hablar a modo de reprensión, pero será una admonición tan amable que no le romperá la cabeza a nadie.

Ahora no me dirijo solamente a quienes no oran nunca; sin embargo, permítanme recordarles que las almas que no oran son almas sin Cristo, y dentro de poco serán almas perdidas. Tampoco me dirijo a aquellos de ustedes que se limitan a balbucear mecánicamente algún tipo de oración. Solo les diré lo siguiente: no podrán burlarse para siempre de Dios, y sus oraciones se cuentan junto a sus pecados. Mientras fingen adorar insultan la majestad celestial.

> **Las almas que no oran son almas sin Cristo.**

Esta mañana hablo a aquellos que creen en el nombre del Hijo de Dios y en la eficacia de la oración. ¿Cómo no esperan respuesta? Me parece oírles decir: "Un motivo es mi propia indignidad. ¿Cómo voy a pensar que Dios escuche oraciones como las mías?". Hermanos, dejen que les recuerde que no es el hombre que ora quien dignifica la oración ante Dios, sino el fervor con el que ora y la virtud del gran Intercesor.

¿Han leído alguna vez el Salmo 34 y han reflexionado atentamente sobre dónde se hallaba David cuando su oración llegó tan rápidamente a Dios? Dice: "Engrandezcan al Señor conmigo; exaltemos a una su nombre. Busqué al Señor, y él me respondió; me libró de todos mis temores… Este pobre clamó, y el Señor le oyó" (NVI). ¿Dónde piensan que hizo David esta oración? Lean el encabezado del salmo: "Salmo de David, cuando fingió estar demente ante Abimélec, por lo cual este lo arrojó de su presencia". Ya recuerdan lo que hizo. Fingió estar loco, dejó que le cayera la baba por la barba, actuó como un loco y nunca fue más loco de lo que lo fue entonces (excepto en otra ocasión). Y, sin embargo, incluso en medio de su actuación como necio, Dios escuchó su oración.

Aquí encontramos una enseñanza. Ustedes, hijos de Dios, aunque se hayan alejado mucho y hayan actuado como locos, no permitan que esto los aparte del propiciatorio; fue construido a propósito para que se acercaran los pecadores indignos. Ustedes lo son. Si Dios no les escuchara más que en los buenos momentos, sin duda morirían. Las puertas de su gracia están abiertas tanto de noche como de día, y los santos que han pecado pueden acudir y hallar misericordia, tanto como quienes han mantenido blancas sus vestiduras. Les ruego que no caigan en la mala costumbre de juzgar que sus oraciones no son escuchadas debido a los defectos de su espíritu.

"Sí —dirá otra persona—, no se trata solo de que no dude de la eficacia de la oración al mirarme a mí mismo, sino de que mis oraciones son muy pobres. No obtengo el fervor que deseo. No logro llegar a Dios; no sé cómo aferrarme a Él y luchar con Él, y por lo tanto, no sé cómo prevalecer". A este querido hermano le diré: "Este es tu pecado además de ser tu debilidad. Humíllate y ruega a Dios que te haga como aquella viuda insistente, porque solo entonces prevalecerás".

Pero, al mismo tiempo, déjame recordarles que si las oraciones son sinceras, a menudo sucederá que ni siquiera su fragilidad las destruirá. Cuando Cristo estaba dormido en la barca, sus discípulos se le acercaron y le dijeron: "Maestro, ¿no tienes cuidado que perecemos?", y Él les reprendió: "¿Cómo no tenéis fe?". Pero a pesar de esto no se negó a escuchar su clamor, porque reprendió al viento y a las olas, y el mar se quedó en calma. Es posible que reprenda la incredulidad de tu oración, pero aun así, por su infinita misericordia, Él puede superar incluso su promesa.

No hay ninguna promesa de que escuchará las oraciones del incrédulo, y quien vacile no debe esperar recibir algo, pero el Señor puede ir incluso más lejos que su Palabra y concedernos su misericordia a pesar de esa falta. Dejen que su percepción de la pobreza de sus oraciones les induzca a aborrecer sus faltas, pero no la oración en sí. Permitan que les haga anhelar orar mejor, pero que nunca les haga dudar de que si se acercan con auténtico fervor a Dios por medio de Jesucristo su Señor, prevalecer no es una cuestión de esperanza sino de certidumbre, y su éxito está tan absolutamente garantizado como las leyes de la naturaleza.

Aparte de esto, no tengo ninguna duda de que muchos en el pueblo de Dios piensan que Él no puede escuchar sus oraciones porque hasta ese momento han recibido muy escasas respuestas. El otro día vi un galgo que perseguía a una liebre. En el mismo momento en que la liebre atravesó un seto y el galgo la perdió de vista, la carrera terminó, porque el perro no podía perseguir lo que no veía. El verdadero sabueso caza valiéndose del olfato, pero el galgo solo usa la vista. Pues bien, hay algunos cristianos que se parecen al galgo; solo siguen al Señor mientras puedan ver su misericordia manifiesta. Pero el auténtico hijo de Dios caza por fe. ¡Dicen ustedes que no obtienen respuestas! ¿Cómo lo saben? Es posible que Dios les haya respondido aunque ustedes no hayan captado la respuesta.

Esto parece un acertijo, pero es un hecho. Dios no ha prometido darnos lo que hemos pedido de la forma que queramos, pero nos lo dará de una u otra manera. Si pago mis deudas con oro, nadie podrá quejarse porque no las pago en plata; y si Dios nos concede una abundancia de misericordias espirituales en lugar de otras temporales, sí que ha escuchado nuestras oraciones. Cristo oró pidiendo que Dios le escuchara; fue escuchado cuando dijo que tenía miedo, pero Dios no apartó de Él aquella copa. No, pero sí que envió un ángel para consolarlo y reconfortarlo; y esta fue realmente una respuesta, aunque no la que la oración parecía requerir. Hemos recibido una respuesta, y aunque Dios solo nos haya escuchado una vez, hagamos acopio de valor y volvamos a intentarlo.

Muchos no oran esperando una respuesta porque oran con un espíritu perezoso. Rogar es un trabajo costoso; un hombre que quiera hacer algo bien tendrá que poner el corazón en ello, y lo mismo pasa con la oración; si quieres ganar, tienes que orar con fuerza. A algunos de los primeros cristianos en el continente los llamaban "Beg-hards" ("rogadores"), porque oraban a Dios intensamente; y no prevalecerá nadie que no ore con intensidad. Las almas perezosas no tienen derecho a esperar una respuesta.

También hay muchos que oran con un espíritu legalista. Los hijos de Dios saben que tienen el deber de orar, pero oran porque creen en la eficacia de la oración. No puedo esperar que Dios me escuche porque el reloj dio la hora y me puse a orar movido por el sentido del deber. No, no tengo que hacerlo porque el reloj lo diga, sino porque mi corazón quiere orar. Un niño no llora porque haya llegado la hora del llanto, ni un enfermo gime porque sea la hora del gemido, sino que lloran y gimen porque no pueden evitarlo. El espíritu legalista impide la esperanza de recibir una respuesta. Las incoherencias tras la oración y la incapacidad de insistir en nuestras peticiones nos inducirán a dudar del poder de la oración. Si no rogamos a Dios una y otra y otra vez, no conservaremos la confianza en que Dios nos escucha. "¡Ay! —dice uno—, ¡es que no tenemos el tiempo necesario para orar tanto!". ¿Qué hacen con su tiempo? ¿Qué pensarán de nosotros cuando confesemos que no tenemos tiempo para orar, pero sí para tonterías? ¡Siendo príncipes de sangre real, no tenemos tiempo de estar en la corte! ¡Reyes de una raza divina que no tienen tiempo de ponerse la corona y vestirse con los ropajes de estado! Sí hay tiempo para juguetes y para revolcarse en el polvo con los mendigos de la tierra, ¡pero no para sentarse en el trono de la gloria y ofrecer sacrificio de alabanza al Altísimo! ¡Qué vergüenza de cristianos! Que Dios nos avergüence como es conveniente por esto y que, a partir de ahora, pasemos más tiempo en oración esperando las respuestas de la gracia.

UNA EXHORTACIÓN A LA ORACIÓN

Queridos amigos, creamos en que Dios responde a las oraciones. Siendo Dios, ¿puede mentir? Tenemos una promesa sobre otra, ¿y Él las incumplirá todas? Hermanos, si Dios existe, y si el Libro es su Palabra, si Dios es sincero, la oración debe obtener respuesta; así que, de rodillas, participemos en ese sagrado compromiso, una obra que tiene una eficacia real.

ORAR Y AGUARDAR

Una vez más, la oración debe ser respondida debido al carácter de Dios, nuestro Padre. ¿Permitirá que sus hijos lloren sin escucharles? ¿Escucha a los polluelos de cuervo, y no escuchará a sus hijos? Es un Dios de amor. ¿Dejarían ustedes que su hijo enfermo yaciera en la cama, quejoso, sin acudir a responder a sus lamentos? ¿Cerrará sus oídos un Dios de amor al clamor de su pueblo? ¿Creen que dejará que las lágrimas rueden por sus mejillas cuando le pidan algo, en lugar de guardarlas en un frasco? ¡Oh, recuerden su amor, y no podrán, creo yo, dudar de que escucha la oración! No le nieguen su carácter mediante la desconfianza de ustedes.

Piensen en la eficacia de la sangre de Jesús. Cuando oran, habla la sangre. Cada gota de sangre de Jesús clama: "¡Padre, escúchale! ¡Padre, escúchale! ¡Escucha el clamor del pecador!". Aquella sangre se roció en el propiciatorio para que este fuera eficaz para ustedes. No duden de la sangre de Cristo. ¿O qué pasa? ¿Acaso puede morir, pero su sangre no tiene más eficacia que la de los bueyes o la de los machos cabríos? No pueden pensar esto. Por lo tanto, no duden de que la oración prevalece.

Piensen de nuevo que Jesús ruega. Él señala a la herida en su costado y extiende sus manos traspasadas. ¿Negará el Padre al Hijo? ¿Serán borradas del registro celestial las oraciones que levanta Cristo? ¡Oh, tales cosas no deben, no pueden suceder!

Además, el propio Espíritu Santo es el autor de las oraciones de ustedes. ¿Inducirá Dios el deseo para luego no escuchar? ¿Habrá una división entre el Padre y el Espíritu Santo? Ni se les ocurra soñarlo.

No disponemos de tiempo para presentar ejemplos a modo de prueba, pero espero que su experiencia se los proporcione. Les exhorto, por el amor que sienten por Jesús, a que le concedan el honor de creer en la prevalencia de su ruego. Por la luz y la vida que han recibido del Espíritu Santo, no le desacrediten pensando

LA PRIORIDAD DE LA ORACIÓN

que puede enseñarles a hacer una oración que no será aceptada delante de Dios. Como iglesia, oremos más. ¡Oh, si descendiera sobre nosotros el espíritu de la oración! Esperemos mayores bendiciones. Subamos a nuestra atalaya y vigilemos. Volvamos a reunirnos una y otra vez en los cultos especiales, y clamemos poderosamente al Altísimo, derramando nuestros corazones delante de Él como agua, y Él abrirá las ventanas de los cielos y nos dará unas bendiciones más grandes que las que hayamos tenido jamás, a pesar de lo grandes que hayan sido estas. Hagamos que esta misma noche comience la temporada de la oración, y que se sustente como es debido. Estas palabras van dirigidas a los creyentes. A quienes no son creyentes, es mi deseo que Dios les conduzca a confiar en Jesús. Amén.

La última oración de David

RESUMEN:
El objetivo principal de Spurgeon es que las personas deseen orar. Comienza con una explicación de la oración. Spurgeon describe el llamado para que el mundo se llene de verdadero cristianismo. Después procura estimular a los oyentes a desear las cosas que pedía David en oración. Esto incluye contemplar la majestad de Dios. Spurgeon da consejos para cumplir este propósito. Explica que el corazón debe ser puro antes de que alguien ore pidiendo que la tierra sea llena de la gloria de Dios.

CITAS DESTACADAS:
"No pueden postrarse ante Dios y adorarle sin desear que el resto de la humanidad haga lo mismo".

"Amados, entre tanto esperamos. Seguimos a este lado con nuestro Señor, porque aunque ahora somos guerreros, un día seremos vencedores".

Sermón predicado por Charles H. Spurgeon el 26 de abril de 1857.
New Park Street Pulpit, vol. 3.

3

La última oración de David

Y toda la tierra sea llena de su gloria. Amén y amén.

SALMOS 72:19

HUBO UN TIEMPO en que esta oración habría sido innecesaria; de hecho, hubo un periodo en que no se podría haber pronunciado, viendo que lo que se pedía ya estaba presente. Hubo un tiempo en que la palabra *rebelión* no se pronunciaba contra la gran magistratura del cielo; hubo un día en que el paso de la serpiente no había dejado a sus espaldas la baba del pecado, porque entonces no existía la serpiente ni tampoco un espíritu maligno. Hubo una hora, que nunca hemos de olvidar, cuando el serafín podía batir sus alas sin cesar y no encontrar ni un ápice de discordia, de rebelión o de anarquía en todo el universo de Dios; cuando los ángeles poderosos se reunían en los atrios del Altísimo, y sin excepciones reverenciaban a su Señor y rendían el homenaje debido; cuando la vasta Creación giraba en torno a su centro, la gran metrópolis, el trono de Dios, y le rendía el homenaje diario y pertinente; cuando

LA PRIORIDAD DE LA ORACIÓN

las armonías de la Creación siempre llegaban a un mismo punto y hallaban su centro cerca del trono de Dios.

Hubo una época en que cada estrella brillaba, en que todo el espacio estaba lleno de hermosura; cuando la santidad, la pureza y la felicidad eran como un manto que vestía a la Creación entera. Este mundo era en sí mismo precioso y encantador, hasta tal punto que nosotros, que vivimos en estos momentos de confusión, apenas podemos imaginar su belleza. Era la casa del cántico y la morada de la alabanza. Aunque no tuviera preeminencia entre sus esferas hermanas, sin duda no era inferior a ninguna de ellas, estando rodeado de hermosura, revestido de gozo, y siendo la residencia de habitantes santos y celestiales. Era una casa en la que a los propios ángeles les gustaba estar, donde los espíritus santos, los luceros de la mañana, se deleitaban en cantar juntos acerca de esta hermosa tierra nuestra. Pero ahora, ¡cómo ha cambiado todo! ¡Qué diferente es! Ahora tenemos la obligación de, devotamente, doblar nuestras rodillas y orar pidiendo que toda la tierra sea llena de la gloria de Dios.

De alguna manera, esta oración sigue siendo innecesaria, porque en cierto sentido toda la tierra está llena de la gloria de Dios. Pero David tenía otro propósito con esta oración, hablando a Dios no como Creador, sino como Gobernante moral y como Soberano. Nos hemos rebelado contra Dios en su calidad de Gobernante, y le hemos deshonrado; hemos pisoteado su corona en su calidad de nuestro Señor, Soberano y Juez. Por consiguiente, es en este sentido como David deseaba que toda la tierra fuera llena de la gloria de Dios. "Un deseo necio", puedes decir, dado que nunca se podrá cumplir. Sin duda que nunca llegará el día en que mueran los manidos sistemas de la superstición.

¿Qué, pues? ¿Vacilarán y caerán los colosales sistemas de la infidelidad y de la idolatría? Han resistido por largo tiempo el ariete;

LA ÚLTIMA ORACIÓN DE DAVID

¿y sin embargo pasarán, y vendrá el reino de Dios, y se hará su voluntad en la tierra como se hace en el cielo? No, este no es el sueño de un muchacho; no es el deseo de un entusiasta. Fíjense en quién hizo esa oración y dónde estaba cuando la hizo. Fue la oración de un rey moribundo; fue la oración de un hombre santo de Dios, cuyos ojos, justo entonces, fueron iluminados por la luz a la vista de la ciudad celestial. Pronunció esto como su último deseo, el mejor de todos, y cuando lo hubo dicho, se recostó de nuevo en su lecho y dijo: "Aquí terminan las oraciones de David, hijo de Isaí". Fue su última oración: "Y toda la tierra sea llena de su gloria. Amén y amén".

LA EXPLICACIÓN DE LA ORACIÓN

Esta es una oración grande, enorme. La oración por una ciudad requiere una gran dosis de fe; sí, hay momentos en que la oración por un solo hombre es suficiente para que nuestra fe se tambalee, porque apenas sí logramos pensar que Dios nos escuchará siquiera en ese caso. Pero ¡cuán grande es esta oración, cuán exhaustiva! No exime ni a un solo país, por muy agobiado que esté bajo el peso de la superstición; no deja fuera una sola nación, por muy abandonada que esté. Para el caníbal tanto como para el hombre civilizado, para el hombre de guerra tanto como para el que se postra de rodillas, suplicante, se formula esta oración: "Toda la tierra sea llena de su gloria. Amén y amén".

El salmista deseaba que la verdadera religión de Dios fuera enviada a todos los países. Sí, es una gran oración, pero es sincera. Oramos contra toda forma de religión falsa. Clamamos contra el anticristo, y rogamos que llegue el día en que todo templo se desmantele, en que cada capilla quede más pobre que la pobreza,

LA PRIORIDAD DE LA ORACIÓN

y en que no habrá más templo que el templo del Señor Dios de los ejércitos, y en que no se entone otro cántico que el Aleluya, dirigido a Aquel que nos amó y nos limpió de nuestros pecados con su propia sangre.

No obstante, queremos decir algo más que esto. No pedimos solamente por el cristianismo nominal de algún país, sino por la conversión de cada familia en todos los países. "Toda la tierra sea llena de su gloria. Amén y amén". ¿Es esta petición demasiado grande, demasiado elevada? ¿Somos demasiado optimistas en nuestra expectativa? No. No deseamos ver lugares secos aquí y allá, sino que, al igual que los cimientos profundos de los abismos están cubiertos por el mar, deseamos que todas las naciones estén cubiertas por la verdad de Dios. De modo que oramos que toda familia la reciba; sí, pedimos que cada hogar tenga su oración matutina y su oración vespertina; rogamos que cada familia crezca en el temor del Señor, que todo niño, sentado en el regazo de su madre, diga: "Padre nuestro", y que la respuesta a la oración infantil sea "Venga tu reino".

Pero aún vamos más allá. No pedimos solo la conversión del núcleo familiar, sino la salvación individual de todos los seres existentes. Si quedara un solo corazón que no latiera en alabanza a Dios, o un labio que no entonara la melodía de la acción de gracias, entonces habría un punto que aún no estaría lleno de la alabanza a Dios, y aquel inconverso aislado ensuciaría y mancillaría toda la gran obra consistente en llenar la tierra de la gloria de Dios. La salvación de un alma es inefablemente preciosa, y cuando hacemos esta oración no excluimos a nadie. Rogamos que el ateo, el blasfemo, el rebelde endurecido, el libertino, sean llenos de la gloria de Dios. Esto es lo que creo que hace el salmista en su oración: pedir que todo hombre se convierta, y que de hecho en todas partes, en todo corazón y toda conciencia, Dios reine sin rival alguno, y el Señor sea lo más sublime sobre todo el gran mundo.

INFLAMADOS PARA HACER ESTA ORACIÓN

En segundo lugar, intentaré estimularles para que deseen esto tan grande y maravilloso que pedía David en oración. Primero les ruego que contemplen la majestad de Dios; o más bien, dado que soy incapaz de ayudarles a hacer esto ahora mismo, permítanme que les recuerde aquellos momentos en que han asimilado, en cierta medida, el pensamiento de su divinidad. ¿Nunca han contemplado los orbes celestes en medio de la noche, pensando que Dios fue el Creador de todos, hasta que sus almas se empaparon de una reverente adoración, e inclinaron sus cabezas con asombro y alabanza, y dijeron "¡Gran Dios, cuán infinito eres!"? ¿Nunca han exclamado, al contemplar la tierra pura de Dios, cuando han visto los montes, y las nubes, y los ríos, y los mares:

He aquí tus gloriosas obras, Padre del bien.
¡Oh Todopoderoso! ¡Tuya es esa estructura del universo, tan maravillosamente bella!
¡Y qué maravilla no eres tú mismo, Ser inefable!
(Cita de *El paraíso perdido*, de John Milton.
Biblioteca Virtual Universal, 2003).

¡Oh, imagino que han tenido algunos brillantes fogonazos de devoción! Sí, ha habido momentos en los que pudimos postrarnos ante Dios, cuando sentimos nuestra propia insignificancia y supimos que Él era el todo en todos. ¡Ah! Si esta mañana pudieran tener pensamientos como este, amigos míos, sé que el siguiente

LA PRIORIDAD DE LA ORACIÓN

sería: "Toda la tierra sea llena de su gloria. Amén y amén". No pueden postrarse ante Dios y adorarle sin desear que el resto de la humanidad haga lo mismo.

Y el pensamiento ha ido aún más lejos: han deseado que incluso los objetos inanimados le adoren. ¡Oh, montes! Que los bosques frondosos que se encuentran en sus cimas se agiten en adoración. Adórenle, adórenle, porque es digno de toda adoración; que sea exaltado para siempre. Repito que no pueden tener grandes pensamientos sobre Dios sin que se levanten espontáneamente y digan: "Toda la tierra sea llena de su gloria. Amén y amén".

Giren su vista hacia allí. ¿Qué ven? Ven al Hijo de Dios que desciende del lugar de su gloria, dejando a un lado las prendas de su majestad y vistiéndose con ropas de barro. ¿Lo ven ahora allá? Está clavado a una cruz. ¿Lo ven mientras su cabeza se apoya mansamente sobre su pecho? ¿Perciben los acentos de su voz cuando sus labios dicen: "Padre, perdónalos"? ¿Pueden verlo con la corona de espinas ceñida a la frente, con sangre en la cabeza, las manos y los pies? ¿Y no estalla su alma de adoración cuando lo ven entregándose por los pecados de todos ustedes? ¿Pueden contemplar este milagro entre los milagros, la muerte del Hijo de Dios, sin sentir que en su pecho se agita la reverencia, una adoración maravillosa que el lenguaje nunca podrá expresar?

> No pueden postrarse ante Dios y adorarle sin desear que el resto de la humanidad haga lo mismo.

No, estoy seguro de que no pueden. Se inclinan ante la cruz, cierran unos ojos que ya están llenos de lágrimas y, mientras inclinan sus cabezas allá en el monte Calvario, los oigo decir: "Jesús, ten misericordia de mí". Y cuando sienten la sangre aplicada a sus conciencias y saben que Él ha borrado sus pecados, no serán humanos a menos que se postren de rodillas y clamen diciendo: "Toda la tierra sea llena de su gloria. Amén y amén".

Mantengan un poco más la mirada allí. El hombre que murió por los pecadores duerme en un sepulcro. Duerme por un poco de tiempo, hasta que el ángel hace rodar la piedra y le da la libertad. ¿Ven cómo se levanta de su sopor, y radiante de majestad y glorioso de luz, espanta a los guardias y se yergue como un hombre resucitado? ¿Lo ven cómo asciende a los cielos, cuando sube al paraíso de Dios, sentándose a la diestra de su Padre hasta que sus enemigos sean puestos por estrado de sus pies? ¿Lo ven cuando los principados y las potestades se inclinan ante Él, cuando los querubines y los serafines arrojan sus coronas a sus pies? ¿Lo escuchan? ¿Lo escuchan interceder, y oyen también la música de los espíritus glorificados, que entonan perpetuos loores ante su trono? ¿Y no desearían que pudiéramos "preparar nuevos honores a su nombre, y cánticos nunca escuchados"? Es imposible ver al Cristo glorificado con los ojos de la fe sin exclamar después "¡Toda la tierra sea llena de su gloria! Amén y amén".

BUSCANDO EL OBJETO DE ESTA ORACIÓN

No pueden hacer esta oración a menos que busquen erradicar de sus propias vidas todo impedimento para la extensión del reino de Cristo. ¿Cómo puede el mismo labio que maldijo a Dios decir: "Toda la tierra sea llena de su gloria. Amén y amén"? No pueden decirlo, ustedes que incumplen sus mandamientos y transgreden sus leyes y se rebelan contra su gobierno divino. ¿Hay algo en su carácter o en su conducta que tienda a impedir la propagación

LA PRIORIDAD DE LA ORACIÓN

del evangelio? Hay muchos miembros de las iglesias por todo el mundo cuyos caracteres son tales que si permanecen donde están, el evangelio de Cristo nunca podrá llenar toda la tierra, porque ni siquiera llena sus corazones. Debemos examinarnos bien, mediante el Espíritu de Dios, porque de otro modo no podremos decir en oración: "Toda la tierra sea llena de su gloria. Amén y amén".

Y ahí está mi amigo, el señor Salvatodos. Estoy seguro de que él no puede hacer esta oración. Se solicita una contribución para ayudar a la causa de hacerlo. ¡Oh, no, en absoluto! Antes de que los ministros puedan orar así sinceramente, necesitamos algo diferente en el ministerio. No estoy acusando a ninguno de mis hermanos, pero les recomiendo que prediquen trece veces a la semana, y entonces podrán pronunciar esta oración en mejores condiciones. Tres veces a la semana no son suficientes, pienso yo. Eso perjudicaría mi constitución; predicar trece veces a la semana es un ejercicio bueno y saludable. Pero algunos predicadores se encierran en su estudio o, lo que es diez veces peor, no hacen nada en absoluto, sino pasar la semana en tranquilidad hasta que llega el domingo y entonces toman prestado un sermón de una vieja revista o compran uno de los libros de ayuda para ministros, o encuentran un bosquejo de pastor reconocido y lo predican. Amigos, no se puede orar de esta manera. No puede ser esto de predicar conforme a los hombres, cada uno de nosotros debe esforzarse, con la ayuda de Dios, a propagar el reino de nuestro Señor.

Y ahora, amigos míos, ¿les he estado urgiendo a que acometan una tarea imposible? ¿He estado diciendo a los cristianos que oren pidiendo lo que nunca les será concedido? ¡Ah, no! Bendito sea Dios, no se nos enseña a orar por otra cosa sino por aquello que a Dios le complace darnos. Nos ha dicho que oremos pidiendo que venga su reino, y su reino vendrá, y además con toda certidumbre.

Amados, tengamos paciencia. Seguimos a este lado con nuestro Señor, porque aunque ahora somos guerreros, un día seremos vencedores. Sí, cada hombre, cada mujer, los desconocidos y los que pasan desapercibidos, ¡llega el día en que cada uno de ustedes tendrá una corona de victoria! Llega la hora en que sus corazones latirán con fuerza, porque compartirán esa conquista. Los que hemos soportado el fragor de la batalla tendremos una participación en la gloria; los vencedores repartirán despojos, y nosotros dividiremos el botín con ellos. Los probados, afligidos, olvidados y desconocidos, ¡pronto tendrán ustedes una rama de palma en las manos, y recorrerán en triunfo las calles de la tierra y del cielo, cuando su Señor humille a los principados y a las potestades abiertamente el día de su victoria! Tan solo perseveren, sigan luchando, y serán coronados.

Pero tengo una palabra que decir antes del Amén. Dentro del ejército romano había recompensas especiales que se otorgaban por misiones especiales. Estaba la corona del muro, que recibía el primer hombre que escalaba el baluarte y se erguía en lo alto de la muralla. Hoy contemplo esta gran congregación y en mi mente bulle un pensamiento que agita mi espíritu. ¡Jóvenes! ¿No hay ninguno entre ustedes que pueda obtener la corona del muro? ¿No hay ninguno que pueda decir en su corazón: "Heme aquí, envíame a mí"? ¿Ya no hay Pablos? ¿No tenemos a nadie que quiera ser apóstol por el Señor de los ejércitos? Creo que veo a uno que, frunciendo los labios en silencio, ha tomado esta decisión. ¡Oh, Señor, acepta a este joven! El corazón de tu hermano late contigo; marcha pues hacia la victoria. Todos levantaremos esta oración en nuestros hogares, a solas: "Toda la tierra sea llena de su gloria".

Amén y amén". Ustedes que son enemigos de Dios, ¡cuidado, cuidado! Será dura cosa figurar entre las filas del enemigo en la gran batalla de la justicia.

4
La llave de oro de la oración

RESUMEN:
Spurgeon divide su sermón en tres secciones. La primera sección demuestra que la oración es un mandamiento. No es una recomendación, sino un mandato. En segundo lugar, hay una promesa de respuesta. Luego Spurgeon subraya la exhortación para la fe mediante la oración. Hace recordar que la oración es el mejor medio para el estudio. Spurgeon ofrece muchos puntos de aplicación para el sufrimiento, el trabajo y la intercesión por otros.

CITAS DESTACADAS:
"No solamente se nos aconseja y se nos recomienda que oremos, sino que se nos manda que lo hagamos".

"Si Dios es fiel, no es posible buscar misericordia en sus manos por medio de Jesucristo y obtener una respuesta negativa".

Sermón predicado por Charles H. Spurgeon el 12 de marzo de 1865.
Metropolitan Tabernacle Pulpit, vol. 3.

4

La llave de oro de la oración

Clama a mí, y yo te responderé, y te enseñaré cosas grandes y ocultas que tú no conoces.

JEREMÍAS 33:3

ALGUNAS DE LAS OBRAS más eruditas de este mundo huelen al aceite de medianoche, pero los libros y los dichos más espirituales y más consoladores de los hombres tienen habitualmente cierto regusto a la humedad de una celda. Puedo citar muchos ejemplos: *El peregrino* de John Bunyan puede ser suficiente en vez de cien otros; y este gran texto que tenemos, todo mohoso y helado como la cárcel en la que estuvo Jeremías, aun así tiene un brillo y una belleza que nunca habría tenido si no hubiera llegado como un mensaje consolador al prisionero del Señor, encerrado en el atrio de la prisión. El pueblo de Dios, cuando ha estado en las peores situaciones, ha descubierto lo mejor de su Dios. Él es bueno en todo momento, pero parece dar lo mejor cuando ellos están en lo peor. Quienes se sumergen en el mar de la aflicción encuentran perlas poco habituales. Ustedes, cuyos huesos estaban ya dispuestos a atravesar la piel debido al larguísimo tiempo que han yacido en su lecho agotador; ustedes, que han visto cómo les arrebataban sus bienes terrenales y se han sumido casi en la pobreza más absoluta; ustedes, que han acudido ante una tumba siete veces hasta que han temido que la Muerte inmisericorde les arrebatara a su último amigo terrenal; ustedes han demostrado que Dios es fiel, y que cuando abundan las tribulaciones, también lo hacen los consuelos gracias a Cristo Jesús. Al abordar este pasaje esta mañana, pido a Dios que algunos otros prisioneros del Señor vean cómo esta promesa de gozo penetra en sus almas, que aquellos que están en silencio y no pueden seguir adelante debido a la pesadez de espíritu en que viven ahora, lo oigan decir, como en un suave susurro en sus oídos y en sus corazones: "Clamen a mí, y yo les responderé, y les enseñaré cosas grandes y ocultas que ustedes no conocen".

> El pueblo de Dios, cuando ha estado en las peores situaciones, ha descubierto lo mejor de su Dios.

LA ORACIÓN ES UN MANDAMIENTO

No solamente se nos aconseja y se nos recomienda que oremos, sino que se nos manda que lo hagamos. Esto es una gran condescendencia. Tan extraño es el orgullo del ser humano, por un lado, que hace que sea necesario un mandamiento para mostrarse misericordioso con su propia alma, y tan maravillosa es la condescendencia de nuestro Dios de gracia, por otro, que emite un mandamiento de amor sin el cual ningún descendiente de Adán podría participar del festín del evangelio.

LA LLAVE DE ORO DE LA ORACIÓN

En la esfera de la oración sucede lo mismo. El pueblo de Dios necesita un mandamiento para orar, porque de otro modo no lo harían. ¿Por qué sucede esto? Porque, amados amigos, estamos muy sujetos a arrebatos de mundanalidad, si es que ese no es nuestro estado habitual. No olvidamos comer; no olvidamos bajar la persiana de nuestra tienda; no olvidamos ir a la cama para descansar; pero a menudo olvidamos luchar con Dios en oración y pasar, como deberíamos hacerlo, largos periodos teniendo comunión consagrada con nuestro Padre y nuestro Dios. En el caso de algunos profesores, su estantería de libros es tan enorme que no pueden ni moverla, y la Biblia, que representa su devoción, es tan pequeña que casi se la podrían meter en el bolsillo del chaleco.

¡Horas para el mundo! ¡Minutos para Cristo! El mundo tiene lo mejor de nuestro tiempo, y nuestra habitación el sobrante. Entregamos nuestra fuerza y nuestra frescura a los caminos de Mammón, y nuestra fatiga y nuestra pereza a los de Dios. Por eso hace falta que nos ordenen prestar atención a ese acto que debería ser nuestra máxima felicidad, dado que es el privilegio más sublime que tenemos: reunirnos con nuestro Dios.

Él entiende la pesadez que tenemos a veces en nuestros corazones, cuando sabemos que hemos pecado. Satanás nos dice: "¿Para qué vas a orar? ¿Cómo esperas que Dios te escuche? Dices en vano 'Me levantaré e iré a mi Padre', porque no eres digno ni de ser uno de sus jornaleros. ¿Cómo puedes contemplar el rostro del Rey después de haberle traicionado? ¿Cómo te atreves a acercarte al altar cuando lo has profanado y cuando el sacrificio que has llevado es pobre y está mancillado?".

¡Oh, hermanos!, nos conviene que nos ordenen orar, porque si no, en los momentos de gran cansancio renunciaríamos a hacerlo. Si Dios me manda algo, por indigno que yo sea, me arrastraré hasta el estrado de la gracia. Y dado que me dice: "Ora sin cesar", aunque no encuentre las palabras y mi propio corazón se salga del rumbo, balbucearé los deseos de mi alma hambrienta y diré: "Oh, Dios, al menos enséñame a orar y a saber cómo prevalecer contigo".

¿No se nos ordena que oremos también debido a nuestra incredulidad frecuente? Este es un caso sacado de la lista de aquellas cosas que Dios ha estipulado y, por consiguiente (dice el diablo), si estuvieras en cualquier otra situación, podrías descansar bajo el brazo poderoso de Dios, pero ahora tu oración no servirá de nada. O bien es un asunto demasiado trivial, o está demasiado relacionado con las cosas temporales, o es un tema en el que has pecado demasiado, o es un asunto demasiado alto, demasiado arduo, demasiado complicado, ¡que no tienes derecho a llevar delante de Dios! Esto sugiere el maldito demonio infernal. Por consiguiente, ahí tenemos escrito un precepto cotidiano idóneo para cualquier caso en el que pueda verse inmerso un cristiano: "Clama a mí".

No solamente se nos aconseja y se nos recomienda que oremos, sino que se nos manda que lo hagamos.

No debemos concluir nuestra primera sección antes de haber hecho un último comentario. Deberíamos estar muy contentos de que Dios nos haya dado su mandamiento en su Palabra, para que sea firme y permanente. Pueden consultar otros cincuenta pasajes donde se plasma el mismo precepto. No leo muy a menudo en las Escrituras: "No matarás" o "No codiciarás". La ley se da dos veces, pero a menudo leo los preceptos del evangelio, porque si la ley se da dos veces, el evangelio se da setenta veces siete. Por cada precepto que no logro cumplir encuentro mil otros que son dulces

LA LLAVE DE ORO DE LA ORACIÓN

y agradables de guardar debido al poder del Espíritu Santo que habita en los hijos de Dios.

Y este mandamiento de orar es algo en lo que las Escrituras insisten una y otra vez. Para algunos de ustedes, puede ser un ejercicio razonable descubrir cuántas veces en las Escrituras se les dice que deben orar. Les sorprenderá descubrir cuántas veces se registran esas palabras. Por tanto, cristianos, nunca deben cuestionar si tienen derecho a orar; nunca deben preguntar: "¿Se me permite entrar en su presencia?". Cuando tienen tantos mandamientos (y los mandamientos de Dios son todos promesas y capacitaciones), pueden acudir osadamente delante del trono de la gracia celestial por el camino nuevo y vivo a través del velo rasgado.

No obstante, hay ocasiones en la Biblia en las que Dios no solo ordena a su pueblo que ore, sino que también les manda que oren directamente mediante la influencia de su Santo Espíritu. Los que conocen la vida interior me comprenderán de inmediato. De repente, quizá estando en medio de un negocio, les viene a la mente el pensamiento insistente de que deben retirarse a orar. Quizá al principio no presten una atención especial a esta inclinación, pero esta vuelve una y otra vez: "¡Retírate y ora!".

He descubierto que en este asunto de la oración soy muy parecido a una rueda hidráulica que reparte agua, que gira bien cuando el caudal es abundante, pero que gira con muy poca fuerza cuando el arroyo trae poca agua. Ahora bien, pienso que cuando el Señor les dé la inclinación especial a orar, deben duplicar la diligencia en hacerlo. Deben orar siempre sin desmayar, pero cuando Él les dé ese anhelo especial por la oración, y cuando sientan que el acto de hacerlo es pertinente y les produzca un placer especial, tienen, por encima del mandamiento que es en todo momento vinculante, otro mandamiento que debería impulsarles hacia la obediencia gozosa.

LA PRIORIDAD DE LA ORACIÓN

En esos momentos, creo que podemos estar en la misma situación de David, a quien el Señor le dijo: "Y cuando oigas ruido como de marcha por las copas de las balsameras, entonces te moverás" (2 S. 5:24). Ese sonido en las copas de las balsameras pudo ser quizá la marcha de los ángeles que se apresuraban a socorrer a David, y entonces este tenía que atacar a los filisteos; y cuando se acercan las misericordias de Dios, el sonido de sus pasos son nuestros deseos de orar, y nuestros deseos de orar deben ser de inmediato una indicación que señale el tiempo en que debe llegar el favor para Sion.

Siembren con abundancia ahora, porque pueden sembrar así; aren gozosamente ahora, porque su cosecha es segura. Lucha ahora, Jacob, porque estás a punto de convertirte en un príncipe prevaleciente, y tu nombre será llamado Israel. Ahora es su tiempo, mercaderes espirituales; el mercado está en buen momento, comercien mucho; sus beneficios serán elevados. Asegúrense de aprovechar bien la hora dorada, y recojan su cosecha mientras brilla el sol. Cuando disfrutamos de una visitación de lo alto, debemos ser especialmente constantes en la oración; y si debemos abandonar durante un tiempo algún otro deber menos acuciante, no será incorrecto hacerlo ni saldremos perdiendo. Porque cuando Dios nos pide que roguemos especialmente mediante el estímulo de su Espíritu, entonces debemos volcarnos en la oración.

LA PROMESA DE LA RESPUESTA

No deberíamos tolerar ni por un instante el pensamiento funesto y penoso de que Dios no responderá a la oración. Su naturaleza, tal como se manifiesta en Cristo Jesús, exige que responda. Él se ha revelado en el evangelio como un Dios de amor, lleno de gracia y de verdad. ¿Cómo puede negarse a ayudar a aquellas de sus criaturas que, humildemente, y de la manera que Él instauró, buscan su rostro y su favor?

A continuación, recordemos la evidencia pasada de su carácter, además de su naturaleza. Me refiero al carácter que se ha ganado para sí mediante sus actos de gracia en el pasado. Piensen, hermanos, en esa estupenda manifestación de riqueza, pues si pudiera mencionar mil, no podría ofrecer una ilustración mejor del carácter de Dios que este caso: "El que no escatimó ni a su propio Hijo, sino que lo entregó por todos nosotros, ¿cómo no nos dará también con él todas las cosas?" (Ro. 8:32). Si el Señor no se negó a escuchar mi voz cuando era un pecador culpable y un enemigo, ¿cómo puede desechar ahora mi clamor, cuando estoy justificado y soy salvo? ¿Cómo es que escuchó la voz de mi miseria cuando mi corazón no la conocía y no buscaba su consuelo, si después de todo no pensara escucharme ahora que soy su hijo, su amigo? Las heridas sangrantes de Jesús son las garantías firmes de la respuesta a la oración.

> Las heridas sangrantes de Jesús son las garantías firmes de la respuesta a la oración.

Si piensan que la oración es inútil, malinterpretan el Calvario. Pero, amados, contamos con la promesa del propio Señor de que no lo es, y Él es un Dios que no puede mentir. "E invócame en el día de la angustia; te libraré, y tú me honrarás" (Sal. 50:15). ¿Acaso no ha dicho Él: "os digo que todo lo que pidiereis orando, creed que lo recibiréis, y os vendrá" (Mr. 11:24)? Ciertamente, no podemos orar a menos que creamos esta doctrina. Y si tenemos alguna duda sobre si nuestra oración será escuchada, somos comparables a aquel que vacila: "porque el que duda es semejante a la onda del mar, que es arrastrada por el viento y echada de una parte a otra.

LA PRIORIDAD DE LA ORACIÓN

No piense, pues, quien tal haga, que recibirá cosa alguna del Señor" (Stg. 1:6-7).

Además, nuestra propia experiencia nos lleva a creer que Dios responderá a la oración. No debo hablar por ustedes, pero sí puedo hacerlo por mí. Si hay algo que sé, algo de lo que estoy totalmente seguro más allá de toda duda, es que el aliento invertido en la oración nunca es en vano. Si no hay nadie más que se atreva a decirlo, lo diré yo, y sé que puedo demostrarlo. Mi propia conversión es el resultado de una oración dilatada, afectuosa, sincera, importuna. Mis padres oraron por mí; Dios escuchó su clamor, y aquí estoy para predicar el evangelio.

Desde entonces me he aventurado en algunas cosas que, pensaba yo, excedían con creces mi capacidad, pero nunca he fracasado, porque me he puesto en manos del Señor. Ustedes saben, como iglesia, que no he tenido escrúpulos en albergar grandes ideas de lo que podríamos hacer para Dios, y que hemos cumplido todo lo que nos habíamos propuesto. He buscado la ayuda de Dios en mis numerosas empresas, y aunque aquí no puedo contar la historia de mi vida privada en la obra de Dios, si la escribiera sería una prueba sólida de que existe un Dios que responde a la oración. Ha escuchado mis oraciones, no de vez en cuando, no una o dos veces, sino en tantísimas ocasiones que para mí se ha convertido en un hábito exponer mi caso ante Dios con la certidumbre absoluta de que todo lo que le pida me lo concederá. Ahora ya no es un "quizá" o una posibilidad. Sé que mi Señor me responde, y no me atrevo a dudarlo; si lo hiciera, sería realmente un necio.

> En todo trabajo hay un provecho, pero sobre todo en el trabajo de la intercesión.

En todo trabajo hay un provecho, pero sobre todo en el trabajo de la intercesión. Estoy seguro de ello, porque he recogido ese provecho. De la misma manera que pongo mi confianza en el dinero de la reina, y cuando he sacado las monedas nunca me he quedado sin comprar lo que fuera, pongo mi confianza en las promesas de Dios y pienso hacerlo hasta que Él me diga que mis monedas son vil metal y que no me servirán para comerciar en el mercado del cielo.

Recuerden que la oración debe ofrecerse siempre en sometimiento a la voluntad de Dios, que cuando decimos que Dios escucha la oración no queremos decir con ello que siempre nos da literalmente lo que le pedimos. Sin embargo, sí queremos decir que nos da lo que es mejor para nosotros. Y si no nos da la misericordia que pedimos en plata, nos la da en oro. Si no nos quita el aguijón en la carne, sí nos dice: "Bástate mi gracia", lo cual al final es lo mismo. Nunca formulamos una oración sin insertar esta frase, ya sea en espíritu o en palabras: "no se haga mi voluntad, sino la tuya" (Lc. 22:42). Solo podemos orar sin un "si" condicional cuando estamos bien seguros de que nuestra voluntad coincide con la de Dios porque su voluntad es plenamente la nuestra.

UNA EXHORTACIÓN PARA LA FE

Comentemos solamente que estas palabras fueron dirigidas originariamente a un profeta que estaba en la cárcel; por consiguiente, se aplica en primer lugar a todo maestro, y ciertamente, como todo maestro debe ser también un alumno, interpela a todo aprendiz de la verdad divina. La mejor manera que tiene un profeta, un maestro y un alumno de conocer las verdades reservadas, las verdades más sublimes y misteriosas de Dios, es esperando a Dios en oración.

Ayer, mientras leía el libro de Daniel, percibí muy especialmente

LA PRIORIDAD DE LA ORACIÓN

la manera en que Daniel averiguó cuál fue el sueño de Nabucodonosor. Los adivinos, los magos, los astrólogos de los caldeos fracasaron. ¿Qué hizo Daniel? Se puso a orar, y sabiendo que la oración de un grupo unido de hombres tiene mayor prevalencia que la oración de uno, vemos que Daniel llamó a sus hermanos en la fe y les pidió que se unieran a él en oración sincera, para que a Dios le placiera, en su infinita misericordia, desvelar la visión.

Y en el caso de Juan, recordarán, vio un libro en la mano derecha de aquel que estaba sentado en el trono, un libro sellado con siete sellos que nadie era digno de romper. ¿Qué hizo Juan? Lloró mucho, y las lágrimas de Juan eran sus oraciones líquidas, las llaves sagradas con las que se abrió el rollo cerrado.

Hermanos en el ministerio, les ruego que recuerden que la oración es su mejor método de estudio. Como Daniel, cuando hayan buscado a Dios entenderán el sueño y su interpretación. Y al igual que Juan, después de haber llorado mucho verán cómo se sueltan los siete sellos de la preciosa verdad. Las piedras no se parten a menos que se use duramente el mazo, y normalmente el picapedrero se pone de rodillas. Usen el mazo de la diligencia, y ejerciten también las rodillas de la oración. Como dijo Lutero: "Haber orado bien es haber estudiado bien".

Sin embargo, no debemos detenernos aquí. Hemos aplicado el pasaje solo a un caso, pero es aplicable a cien. Los santos pueden tener la expectativa de descubrir experiencias más profundas y conocer más de la vida superior y de la vida escritural si pasan mucho tiempo en oración. Hay distintas traducciones de mi pasaje. Una versión lo traduce como: "Te daré a conocer cosas grandes y maravillosas que tú no conoces" (RVC). Otra dice "cosas grandes e inaccesibles, que tú no conoces" (NBLA).

Ahora bien, no todos los objetivos de la vida espiritual son fáciles de alcanzar. Hermanos míos, en el conocimiento experiencial de las cosas de Dios hay alturas que los ojos de águila de la perspicacia y del pensamiento filosófico no han visto jamás, y hay sendas ocultas que el cachorro de león de la razón y del juicio no ha aprendido a recorrer. Solo Dios puede llevarnos hasta allí, pero el carro en el que nos traslada, y los caballos de fuego que arrastran ese carruaje, son las oraciones escuchadas. La oración prevaleciente sale victoriosa con el Dios de la misericordia. La oración prevaleciente lleva al cristiano al Carmelo y le permite cubrir el cielo con las nubes de la bendición y la tierra con los ríos de la misericordia. La oración prevaleciente lleva al cristiano a la cumbre de Pisga y le muestra la herencia reservada, y le eleva hasta el Tabor y le transfigura, hasta que en este mundo somos a semejanza del Señor, tal como Él es. Si quieren alcanzar algo más elevado que la experiencia rastrera ordinaria, miren a la Roca que es más alta que ustedes, y miren con los ojos de la fe por las ventanas de la oración pertinaz. Por lo tanto, para crecer en experiencia debe haber mucha oración de este tipo.

Deben tener paciencia conmigo mientras aplico este pasaje a dos o tres casos más. Ciertamente que se cumple en el caso de quien sufre en una prueba: si espera mucho en Dios en oración, recibirá liberaciones más grandes de las que jamás ha soñado. Sucederá muy a menudo que Dios no solo ayudará a su pueblo a superar los tramos cenagosos del camino, de modo que puedan llegar al otro lado del fangal, sino que les seguirá protegiendo a lo largo de su viaje.

Fue un milagro notable cuando, en medio de la tormenta, Jesucristo vino caminando sobre el mar, los discípulos le recibieron en la barca, y no solo el mar se calmó, sino que está escrito que la barca "llegó en seguida a la tierra adonde iban" (Jn. 6:21). Aquella misericordia fue superior a la que habían pedido. Por lo tanto, queridos amigos, cuando estemos en medio de grandes pruebas, digamos solo: "Ahora estoy en la prisión como Jeremías; oraré como él lo hizo, porque tengo el mandamiento de Dios de que lo haga. Y miraré como él lo hizo, esperando que Dios me muestre las misericordias reservadas de las que nada sé en el presente". Dios no solo hará que su pueblo sobreviva a la batalla, protegiéndoles en medio de ella, sino que los llevará adelante bajo las banderas ondeantes, para dividir el botín con los poderosos y para reclamar su porción con los fuertes. Esperemos grandes cosas de un Dios que da promesas tan grandes como estas.

De nuevo, aquí encontramos un estímulo para el obrero. La mayoría de ustedes están haciendo algo para Cristo. Me alegra poder decir esto, sabiendo que no les estoy halagando. Queridos amigos, esperen mucho en Dios en oración y tendrán la promesa de que hará cosas más grandes por ustedes de las que puedan saber. No sabemos cuál es nuestro verdadero grado de utilidad. Cuando Cristo, por su Espíritu, les domina, ¿qué no podrán hacer? Ciertamente, podrán adoptar el lenguaje de Pablo y decir: "Todo lo puedo en Cristo que me fortalece" (Fil. 4:13).

> Si Dios es fiel, no es posible buscar misericordia en sus manos por medio de Jesucristo y obtener una respuesta negativa.

No voy a retenerles muchos minutos más, pero quiero destacar que esta promesa debería ser útil para consolar a quienes interceden por otros. Aquellos de ustedes que piden a Dios que salve a sus hijos, que bendiga a sus vecinos, que recuerde con misericordia a sus maridos o sus esposas, pueden hallar consuelo en el pasaje de hoy. No pueden ni imaginar cuán grandemente les bendecirá Dios. Solo tienen que acudir y presentarse a su puerta. Si no piden, no recibirán nada;

pero si piden, no solo les dará, por así decirlo, los huesos y los restos de carne, sino que dirá a aquel que sirve a su mesa: "Toma de los alimentos escogidos y ponlos delante de ese pobre hombre".

Rut fue a espigar; esperaba recoger algunas espigas enteras, pero Booz dijo: "Que recoja también espigas entre las gavillas, y no la avergoncéis". Encontró un esposo donde solo esperaba hallar un puñado de cebada. Así, en la oración por otros, Dios puede darnos tales misericordias que nos quedemos asombrados por ellas, dado que esperábamos muy poco.

Unas palabras para concluir. Algunos de ustedes buscan su propia conversión. Dios les ha exhortado a la oración solemne sobre sus propias almas. No están dispuestos a ir al infierno; quieren el cielo. Quieren ser lavados por la sangre preciosa; quieren la vida eterna.

Queridos amigos, les ruego que oren este texto; el propio Dios les habla: "Clama a mí, y yo te responderé, y te enseñaré cosas grandes y ocultas que tú no conoces". Acepten de inmediato la palabra de Dios. Vayan a sus casas, entren en sus habitaciones y cierren la puerta, y póngale a prueba. Si Dios es fiel, no es posible buscar misericordia en sus manos por medio de Jesucristo y obtener una respuesta negativa. Según su propia promesa y su carácter que le vincula a ella, debe abrir las puertas de la misericordia para los que llaman a ellas con todo su corazón. Que Dios les ayude, ya que creen en Cristo Jesús, a clamar a Dios, y su respuesta de paz ya va de camino hacia ustedes. Le escucharán decir: "Tus pecados, que son muchos, están perdonados".

La oración, prueba de santidad

RESUMEN:
Spurgeon quiere dar a conocer lo que caracteriza a un hombre santo, a saber, la oración. Empieza diciendo que la oración es la señal universal de la santidad. Es la prueba de ella no solo cuando somos pequeños, sino durante toda la vida. También existen motivos poderosos para orar. Uno de ellos es que Dios escuchó las oraciones de un pecador tan grande como David. Todos necesitamos el perdón diariamente. Por último, Spurgeon quiere subrayar la ocasión en que la oración es más útil. Destaca diversos momentos y circunstancias en nuestro viaje por el mundo donde la oración resulta especialmente necesaria.

CITAS DESTACADAS:
"La oración es la señal de la santidad en su infancia".

"El hombre que tiene más gracia es quien más ora".

"Mientras vivan aquí y oren a Dios, Él ha prometido responder. Aunque sea en el último momento, no duden en orar".

Sermón predicado por Charles H. Spurgeon el 27 de octubre de 1887. *Metropolitan Tabernacle Pulpit*, vol. 41.

5

La oración, prueba de santidad

Por esto orará a ti todo santo en el tiempo en que puedas ser hallado.

SALMOS 32:6

NO TODOS LOS HOMBRES son piadosos. ¡Ay! La inmensa mayoría de la raza humana es impía. Y todos los hombres que son santos hasta cierto punto no son igualmente santos. El hombre que teme a Dios y desea sinceramente conocerlo posee cierto grado de santidad. El hombre que ha comenzado a confiar en el Salvador a quien Dios ha ofrecido como la gran propiciación por el pecado tiene una bendita medida de santidad. El hombre cuya comunión con Dios es constante, cuyas oraciones más sinceras y sus lágrimas penitenciales observa a menudo el gran Padre, y que suspira por una relación más plena y más profunda con el Señor, este hombre es santo en un sentido incluso más sublime. Y aquel que, mediante la comunión constante con Dios, se parece a Él, en quien se ha plasmado la imagen de Cristo como una fotografía, ese es el hombre santo. El hombre que encuentra a Dios en todas partes, que lo ve en las obras de sus manos, el hombre que todo lo relaciona con Dios, aquel que lo busca para todo, lleva cada problema ante el trono de la gracia y toda petición al propiciatorio, el hombre que no puede vivir sin su Dios, para quien Dios es fuente de un gozo sublime, la ayuda y la salud de su vida, el hombre que habita en Dios: este es el hombre santo. Este es el hombre que vivirá para siempre con Dios. Juzguen según esta prueba si son ustedes santos o no. El propio pasaje es una prueba mediante la cual podemos decir si nos contamos entre los santos: "Por esto orará a ti todo santo en el tiempo en que puedas ser hallado". En estas palabras hallamos, primero, la característica universal de los hombres santos: oran a Dios. Luego tenemos, en segundo lugar, un motivo potente para orar. Y en tercer lugar, se nos dice la ocasión especial en la que la oración resulta más útil: cuando Dios puede ser hallado.

LA SEÑAL UNIVERSAL DE LA SANTIDAD

Cuando un hombre empieza a ser santo, esta es la primera señal del cambio que se está operando en él. La oración es la señal de la santidad en su infancia. Hasta que no haya rogado y pedido, no podemos estar seguros de que la vida divina está en él. Puede haber deseos, pero si nunca se convierten en oraciones, podemos temer que sean como las nubes matutinas, que pronto se van. Es posible que en aquel hombre se aprecien algunos indicios de pensamientos santos, pero si estos nunca se profundizan en forma de oración, podemos temer que esos pensamientos sean como la semilla que se ha sembrado en la dura carretera. Pero cuando ese hombre se acerca a Dios para rogarle con sinceridad, podemos tener la esperanza de que sea un hombre santo. La oración es el aliento de vida en el creyente recién nacido de nuevo. La oración es el primer llanto por el que podemos saber que el recién nacido vive de verdad. Si no ora, podemos sospechar que solo tiene nombre de estar vivo, pero que carece de vida espiritual.

De igual manera, la oración es la señal de la santidad en todas las fases de su crecimiento. El hombre que tiene más gracia es quien más ora. Pueden fiarse de lo que les digo: que cuanta más gracia tenemos ustedes y yo, en nosotros hay más oración y alabanza de las que hubo antes. Si oran menos de lo que solían hacerlo, pueden juzgar que son menos devotos, que tienen menos comunión con Dios, que son, de hecho, menos santos. No conozco un termómetro mejor de su temperatura espiritual que este, el grado de intensidad de su oración.

> La oración es la señal de la santidad en su infancia.

No estoy hablando de la duración de las oraciones, porque hay algunos que para fingir hacen largas oraciones. Estoy hablando de la realidad de la oración, de su intensidad. La oración se mide mejor por su peso que por su longitud y su anchura, y en la proporción en que ustedes crezcan en la gracia, aumentarán sus oraciones. Cuando el hijo de Dios alcanza la medida de la plenitud de su estatura en Cristo Jesús se vuelve como Elías, un hombre poderoso en oración. Un hombre así en una iglesia puede librarla de la ruina. Un hombre así en una nación puede traer sobre ella incontables bendiciones. El hombre más santo es quien tiene más poder para con Dios en sus ruegos secretos, y quien tiene más poder para con Dios en sus ruegos secretos lo tiene porque abunda en santidad.

Todo el que sea santo orará al Señor, aunque sea un bebé en la gracia que balbucea sus primeras frases inconexas, o un hombre fuerte en Cristo que sujeta al ángel del pacto con la férrea resolución de Jacob. Las oraciones pueden variar en función del grado de santidad, pero todo hombre santo tiene, desde el principio hasta el final de su vida espiritual, esta señal distintiva: "he aquí, él ora" (Hch. 9:11).

Además, queridos amigos, la oración genuina es una señal infalible de santidad. Si no oran, recuerden que "un alma sin oración es un alma sin Cristo". Ya saben que se ha dado el caso, en muchas ocasiones, de que las más elevadas profesiones de santidad han ido acompañadas de la práctica de los vicios más letales. Por ejemplo, siempre que se ha defendido mucho la doctrina de la perfección humana, casi siempre ha engendrado alguna espantosa conducta licenciosa, una desesperada suciedad de la carne. De igual manera, he sabido de personas que, como ellas dicen, se han conformado hasta tal punto a la mente de Dios, se han adaptado tan perfectamente a la voluntad divina, que no han sentido la necesidad de orar. Esto es el diablo vestido de blanco, y el diablo de blanco es más diablo que cuando se viste de negro. Si algo les induce a reducir su práctica de la oración o a abstenerse por entero de ella, es algo malo, sin importar cómo lo disfracen.

No obstante, siempre que en el alma anida la auténtica oración, pueden dar por seguro que la permanencia del deseo santo en el espíritu demuestra que este aún tiene vida. Si el Señor les capacita para orar, les ruego que no desesperen. Si tienen que orar con numerosos gemidos, suspiros y lágrimas, que esto no sea motivo para que piensen que sus oraciones son menos. He sabido lo que es alejarse del trono de la gracia sintiendo que no había orado en absoluto. He despreciado mi oración y he llorado por su causa; pero, al mirar atrás, he pensado:

> El hombre que tiene más gracia es quien más ora.

LA ORACIÓN, PRUEBA DE SANTIDAD

"Ojalá pudiera orar como lo hice en aquel momento en que pensé que no había orado en absoluto". Normalmente somos malos jueces de nuestras oraciones. Si hacen una oración realmente espiritual, esto será sin duda una señal inequívoca de que el Espíritu de Dios se mueve en ustedes y de que ya son hijos de Dios.

Una vez más, queridos amigos, la oración es algo natural para el hombre santo. Creo que es bueno tener momentos establecidos para orar, pero estoy seguro de que sería terrible limitar la oración a una hora o una temporada determinadas, porque para el hombre santo, la oración es como respirar, como suspirar, como llorar. Jacob no podía siempre ir y pasar la noche orando; seguramente, después de aquella noche memorable, nunca volvió a pasar toda una noche orando. Pero cuando pasó aquella noche junto al río Jaboc, "no pudo hacer más", como dijo Lutero. Ustedes quieren una oración que surja de ustedes libremente, como la fuente brotó de la peña golpeada. La oración debería ser el flujo natural del alma; deberían orar porque deben orar, no porque ha llegado la hora prevista para hacerlo, sino porque su corazón debe clamar a su Señor.

Para un hijo de Dios, el estado sin oración debería ser una condición de abatimiento e infelicidad, y el creyente no debería descansar hasta que descubra que su espíritu puede derramarse verdaderamente ante el Dios vivo. Cuando el estado de su corazón es correcto, orar es tan fácil como respirar. Ustedes no son conscientes de cuántas veces respiran cada día; cuando llegan a sus casas por la noche, no dicen: "Hoy he respirado tal número de veces". No, por supuesto que no son conscientes de cuánto respiran a menos que sean asmáticos, y cuando un hombre tiene asma en oración, empieza a percibir su oración, pero aquel que tiene una buena salud espiritual respira libremente, como un alma viviente ante Dios, y su vida se convierte en una temporada constante de oración.

LA PRIORIDAD DE LA ORACIÓN

Para este hombre, la oración es un ejercicio feliz y consolador. No es una tarea, no supone esfuerzo. Su oración, cuando es realmente santo y vive cercano a Dios, es un intenso deleite. Cuando puede alejarse de sus negocios durante unos pocos minutos apacibles de comunión con Dios, cuando puede apartarse del bullicio del mundo y tener unos instantes a solas, son los mejores momentos de su vida. Esos son los placeres que nos ayudan a esperar con paciencia durante los largos días de nuestro exilio hasta que venga el Rey y nos lleve al hogar para vivir con Él para siempre.

> **Cuando el estado de su corazón es correcto, orar es tan fácil como respirar.**

Sin embargo, esas oraciones de los santos se pueden presentar bajo numerosas formas. Algunas oraciones adoptan la forma idónea de la acción, y un acto puede ser una oración. Amar a nuestro prójimo y desear su bien es un tipo de oración práctica consolidada. Puede convertirse en una oración a Dios dar limosna, o predicar el evangelio, o intentar ganarse a alguien errante, o tomar a un niño sobre las rodillas y hablarle del Salvador. Estos actos son a menudo oraciones muy aceptables, pero cuando no puedan actuar así, está bien que derramen su corazón delante del Señor con palabras. Y cuando no puedan hacer eso, es dulce estar en silencio y elevar la mirada a Él, y como los lirios desprenden su fragancia para aquel que las creó, también ustedes, sin decir nada, adoran a Dios en una oración profunda que es demasiado elocuente para el lenguaje; es esa cercanía santa que, al estar tan próxima, no se atreve a proferir un sonido para no romper el hechizo del silencio divino que la envuelve. A menudo, una buena combinación para la oración es la escarcha en los labios pero el torrente en el alma. Todo esto es oración, sin importar la forma que adopte, y es señal y prueba de la vida de un creyente genuino.

UNA PODEROSA RAZÓN PARA LA ORACIÓN

La razón parece ser, primero, que Dios escuchó a un pecador tan grande como fue David. Aprendamos de esta lección que Dios ha escuchado la oración de un gran pecador. Puede que en esta casa de oración se encuentre alguien que haya caído en un pecado flagrante y angustioso, y es posible que la lectura de este pasaje sea un mensaje del Señor para tal persona.

David había pecado gravosamente, añadiendo a su pecado una mentira. Sus actos malvados han inducido a los impíos a criticar la santidad hasta nuestros días, de modo que los infieles preguntan con menosprecio: "¿Este es un hombre conforme al corazón de Dios?". Lo que cometió fue un pecado espantoso, pero llegó el momento en que ese pecado salió a la luz. Su corazón se quebrantó en penitencia, y luego acudió a Dios y encontró misericordia. Lo que dijo, realmente, es que fue tan maravilloso que Dios perdonara a un infeliz como él, que todo hombre santo, mientras existiera el mundo, creería en la confesión de pecado ante el Señor y en el poder de la oración para obtener el perdón para los culpables.

A veces es necesario que nosotros, cuando estamos bajo la convicción de pecado, pensemos en pecadores como Manasés, María Magdalena, el ladrón en la cruz, Saulo de Tarso. Hay momentos, incluso para aquellos a quienes Dios ha bendecido grandemente, en los que nada les ayudará sino el Salvador de los pecadores, y cuando sienten que si no hubiera salvación para el más vil entre los viles, no la habría para ellos. Por eso, Dios nos ofrece un caso

LA PRIORIDAD DE LA ORACIÓN

como el de David, de manera que todo el que sea santo ore a Él en el momento en que descubra su pecado.

Otra razón para orar que pone ante nosotros el pasaje es que todos necesitamos el perdón diariamente. Espero que todos ustedes oren a Dios cada día pidiendo perdón por sus pecados. Estoy seguro de que los santos entre ustedes lo hacen. Si no cometen pecados, entonces el Salvador cometió un gran error cuando nos dejó la oración que dice: "perdónanos nuestras deudas". ¿Qué necesidad hay de semejante petición si no tenemos deudas que perdonar? Pero para esto, es decir, para el perdón de los pecados, todo el que es santo orará al Señor.

Y todo el que es santo orará al Señor porque ha recibido el perdón de los pecados. Recuerdan cuando hicieron su confesión al Juez de todas las cosas y recibieron su absolución. Recuerdan cuando, con el corazón quebrantado y la mirada baja, admitieron ante Él sus pecados, y Él borró sus transgresiones. Pues bien, esta es la razón por la que deben orar siempre. Aquel que les escuchó entonces seguirá haciéndolo ahora. Aquel que borró su pecado seguirá haciéndolo desaparecer mediante ese lavamiento de pies que practica en nosotros cada día. Bendito sea Dios, que no dejaremos de seguir orando pidiendo perdón aunque lo hayamos recibido; ansiaremos la renovación cotidiana de las arras divinas de la reconciliación. Si lo recibimos cuando éramos pecadores, mucho más lo recibiremos ahora que somos reconciliados con Dios mediante la muerte de su Hijo. Si lo recibimos cuando éramos forasteros, mucho más lo recibiremos ahora que somos sus hijos amados.

De nuevo: "Por esto orará a ti todo santo"; es decir, porque siempre vendrán problemas, pues la conexión nos enseña esta lección. Hermanos, el Señor se preocupa porque sigamos orando, de manera que nos da necesidades constantes, ¿no es cierto? Supongamos que yo tuviera un amigo de quien dependiera y cuya amistad apreciara sobremanera, y que me dijera: "Pienso darte, de una sola vez, tanto dinero que te dure hasta esta misma fecha del próximo año, y entonces, si vienes a verme, recibirás la porción para otro año. O, dado que te gusta venir a mi casa, ¿prefieres que te dé esa cantidad trimestralmente?".

Yo respondería: "Prefiero la segunda opción, porque entonces iré a tu casa cuatro veces al año, y podré cenar cuatro veces contigo".

—Muy bien, entonces, ¿te gustaría cobrar mensualmente?

—¡Ah, sí! Me gustaría venir una vez al mes y pasar un día contigo.

—Y quizá te gustaría venir diariamente.

—¡Claro que me gustaría! Sería estupendo compartir tu mesa cada día.

—Y a lo mejor preferirías vivir conmigo siempre. Quizá prefieras recibirlo todo de mi propia mano y no tener nada más que lo que yo te dé.

—¡Oh! ¡Claro, amigo mío! Esta deuda constante, esta dependencia permanente, me daría muchísimas oportunidades de conocerte mejor, y eres alguien a quien aprecio tanto que me gustaría hacerlo así.

Aquellos de ustedes a quienes les gusta ir a recoger el maná de toda una semana, sepan esto: antes de que esta acabe apestará. A mí me gusta tener el mío fresco de cada día, de los hornos del cielo y listo para satisfacer el apetito celestial del hombre que aprende a vivir mediante el regalo cotidiano de Dios. Por esto quiero que todos los santos oren a Dios. Tendrán problemas que les inducirán a hacerlo; tendrán gracia, que les atraerá a hacerlo;

> La oración mueve la mano que mueve el mundo.

tendrán cargas que les levantarán y estarán tan bien colocadas que, aunque amenacen con paralizarlos, en realidad les harán elevarse.

Una vez más, pienso que, en términos generales, la palabra *esto* en este pasaje significa: "Como Dios escucha la oración, todo el que sea santo orará a ti". Ahora bien, queridos amigos, el hecho de si Dios escucha o no la oración será siempre motivo de discusión entre el verdadero creyente y el mero profesor. Por supuesto, el mundo siempre se burlará de la idea de que Dios escucha las oraciones.

Cuando yo me planto aquí delante y declaro solemnemente que cientos e incluso miles de veces Dios ha respondido a mis oraciones, afirmo ser aceptado como un testigo tan honesto como lo sería de presentarme en el Alto Tribunal de Justicia, y puedo presentarme no solo yo, sino a decenas y cientos de ustedes para demostrarlo.

Cuando alguien dice: "Dios no escucha la oración", lo siento por la pobre alma que se atreve a afirmar algo sobre una cosa que nunca ha probado. Dios escucha la oración y, dado que la escucha, clamaremos a Él durante toda nuestra vida. "Por esto orará a ti todo santo en el tiempo en que puedas ser hallado". La oración mueve la mano que mueve el mundo, aunque nuestra oración nunca interfiere en los engranajes. El Dios que ordenó los efectos que deben seguir a la oración ordenó en persona la oración; esta forma parte de la gran maquinaria que hace que el mundo gire sobre su eje.

CUANDO LA ORACIÓN ES MÁS ÚTIL

¿Hay algún momento determinado en que se pueda encontrar a Dios? Bien, en general, es el momento de esta vida mortal. Mientras vivan aquí y oren a Dios, Él ha prometido responder. Aunque sea en el último momento, no duden en orar. Lo que dice Cristo es "el que busca, halla" (Mt. 7:8). Existe una promesa especial para quienes buscan al Señor temprano, pero esto no excluye a quienes lo buscan tarde. Si realmente lo buscan, Él les encontrará.

También creo que el momento de encontrarlo es el de esta dispensación del evangelio. Dios siempre ha escuchado la oración, pero ahora parecemos disponer de una mayor libertad para orar. El propiciatorio se ha desvelado y el velo se ha rasgado, de modo que podamos acercarnos osadamente.

Pero aparte de esto, hay momentos especiales para encontrar a Dios, a saber, mediante las visitaciones de su Espíritu. Los momentos de avivamiento son idóneos para orar. ¡Cuántos habrá que han aceptado a Dios porque se sintieron impulsados a hacerlo por un acicate celestial!

> Mientras vivan aquí y oren a Dios, Él ha prometido responder. Aunque sea en el último momento, no duden en orar.

Para concluir, solo quiero detenerme en esta idea: hay momentos especiales para encontrar a Dios como individuos, y uno de estos es el momento en que se descubre un pecado. El momento en que descubres el pecado es también el momento en que encontrarás a Dios. "¡Vaya! —dirás—. Para mí es espantoso descubrir mi pecado". Sí lo es, por sí mismo, pero es el mejor momento para encontrar a Dios. Cuando tus ojos están velados por las lágrimas de la penitencia es cuando puedes ver mejor al Salvador. No digas: "Me siento demasiado culpable, de modo que no tengo esperanza". No, ten esperanza precisamente porque te sabes culpable, porque el Salvador vino a buscar y a salvar a los culpables como tú. Lo diré una vez más: el momento en que nuestro pecado sale a la luz, cuando estamos humillados y avergonzados, es el momento en que podemos encontrar a nuestro Dios por medio de Jesucristo.

También el momento de la decisión es propicio para hallar a Dios. Algunos no han decidido si vivirán para el mundo y perecerán, o buscarán a Cristo y vivirán eternamente. Pero cuando el Espíritu de Dios venga sobre ustedes y piensan: "Debo encontrar a Jesucristo, tengo que obtener el perdón y conseguir la vida eterna; dame a Cristo o moriré", entonces lo tendrán. Dios ha prometido que, si lo buscamos con todo nuestro corazón, lo encontraremos. Cuando han tomado una decisión firme e intensa respecto a Dios, será un momento idóneo para que lo encuentren.

Esto es lo que sucederá cuando acudan a Dios con una sumisión plena. Algunos de ustedes aún no han depuesto sus armas de rebelión. No puedes reconciliarte con Dios mientras tienes la espada en la mano; ¡suéltala ya! Algunos llevan hermosas plumas en sus cascos y acuden ante Dios como grandes capitanes; ¡fuera esas plumas! Él los aceptará vestidos de harapos, pero no con medallas. Los recibirá si acuden confesando sus pecados, pero no si se jactan de sus supuestos méritos. ¡Humíllense hasta el polvo! ¡Sométanse a Dios! ¡Oh, que su gracia nos haga tan flexibles como los álamos bajo su inmenso poder! Entonces hallaremos la paz por medio de Cristo.

Cuando el alma entera se vuelque en buscar a Cristo, entonces el Señor aparecerá sin demora, y será un momento de encuentro. Pero un momento especial es cuando el corazón por fin confía plena e implícitamente en el Cordero de Dios que quita el pecado del mundo. Descubrirán que Dios los ha encontrado cuando hayan renunciado a sí mismos y hayan convertido la sangre y la justicia de Cristo en la única esperanza de sus almas. ¡Que Dios los conduzca a esto, amados oyentes, en esta misma hora!

6

No nos metas en tentación

RESUMEN:
Primero, Spurgeon pregunta qué sugiere la oración "No nos metas en tentación". El motivo es que estemos alertas. De aquí, Spurgeon pasa a sugerir que lo que motiva esta oración es el miedo a volver a caer en el pecado, seguido de la desconfianza en el poder humano. Entonces Spurgeon pregunta cuáles son las tentaciones y las pruebas de las que se pide liberación en esta oración. Ofrece varias sugerencias, como la retirada de la gracia divina, condiciones providenciales y tentaciones relacionadas con el dinero y el cuerpo. Spurgeon concluye señalando las lecciones que enseña esta oración. Nunca debemos desear la prueba ni la tentación.

CITAS DESTACADAS:
"Nuestro Padre celestial nunca ha querido consentirnos y mantenernos lejos de la tentación, porque eso no forma parte del sistema que Él, en su sabiduría, ha provisto para nuestra educación".

"No hagas nada de lo que tengas que avergonzarte o que no quieras que otros imiten".

Sermón predicado por Charles H. Spurgeon en 1878. *Metropolitan Tabernacle Pulpit*, vol. 24.

6

No nos metas en tentación

No nos metas en tentación.

MATEO 6:13

EL OTRO DÍA, hojeando un libro que contenía ensayos para jóvenes, encontré el bosquejo de un discurso que me pareció una auténtica joya. El texto es el Padrenuestro, y la exposición se divide en encabezados de lo más instructivo: "Padre nuestro que estás en los cielos": un niño lejos del hogar. "Santificado sea tu nombre": un adorador. "Venga tu reino": un súbdito. "Hágase tu voluntad, como en el cielo, así también en la tierra": un siervo. "El pan nuestro de cada día, dánoslo hoy": un mendigo. "Y perdónanos nuestras deudas, como también nosotros perdonamos a nuestros deudores": un pecador. "Y no nos metas en tentación, mas líbranos del mal": un pecador que corre el peligro de ser un pecador aún más grande.

Estos títulos son muy apropiados en todos los casos, y condensan fielmente la petición. Se darán cuenta de que la oración es como una escalera de mano. Las peticiones comienzan en el punto más alto y

LA PRIORIDAD DE LA ORACIÓN

van descendiendo. La primera es la de un hijo del Padre celestial, la posición más elevada para un ser humano. Es una posición muy alta, llena de gracia, exaltada, que por fe nos atrevemos a ocupar cuando decimos con inteligencia: "Padre nuestro que estás en los cielos".

Bajamos un peldaño hasta el siguiente: "Santificado sea tu nombre". Aquí tenemos a un adorador que alaba con humilde reverencia al Dios tres veces santo. El lugar del adorador es sublime, pero no llega a la altura de la posición que ocupa un hijo. Los ángeles llegan solo hasta el punto de ser adoradores, pero no pueden pronunciar las palabras: "Padre nuestro". Deben contentarse con estar a un peldaño del más alto, pero no pueden alcanzar la cima, porque no son hijos de Dios por adopción, por regeneración ni por unión con Cristo. "Abba, Padre" es para los hombres, no para los ángeles, y por lo tanto la frase adoradora de la oración está un peldaño más abajo que la primera, "Padre nuestro".

La siguiente petición es para nosotros como súbditos: "Venga tu reino". El súbdito está por debajo del adorador, porque la adoración es una actividad elevada por medio de la cual el hombre ejerce un sacerdocio y se le ve en un estado humilde pero honorable. El hijo de Dios adora y luego confiesa la realeza del gran Padre.

Bajando otro peldaño, la siguiente posición es la de siervo: "Hágase tu voluntad, como en el cielo, así también en la tierra". Este es otro peldaño por debajo del de un súbdito, porque Su Majestad la Reina tiene muchos súbditos que no son sus siervos. El siervo ocupa un grado inferior al súbdito.

Todo el mundo estará de acuerdo en que la siguiente petición es la más inferior con diferencia, porque es la de un mendigo que tiene que apelar constantemente a la caridad, incluso para ganarse el sustento: "El pan nuestro de cada día, dánoslo hoy". Este es un

NO NOS METAS EN TENTACIÓN

lugar idóneo para que lo ocupemos, porque debemos todo a la misericordia de los cielos.

No obstante, hay otro peldaño más bajo que el del mendigo, y es el del pecador. "Perdonar" es inferior a "dar". "Perdónanos nuestras deudas, como también nosotros perdonamos a nuestros deudores".

También en esta posición podemos situarnos nosotros, porque no hay palabra que mejor se adapte a nuestros labios indignos que la petición "perdona". Mientras vivamos y pequemos, tendremos que llorar y clamar: "¡Ten misericordia de nosotros, Señor!". Y ahora, en el punto más bajo de la escalera, hay un pecador, temeroso de cometer un pecado más grave, corriendo un peligro extremo y consciente de su debilidad, sensibilizado a su pecado del pasado y temeroso de cometerlo en el futuro; escuchémosle mientras, con labios temblorosos, clama en las palabras de nuestro pasaje: "No nos metas en tentación, mas líbranos del mal".

Y aun así, queridos amigos, aunque he descrito la oración como un descenso, en cuestiones de la gracia descender es lo mismo que ascender, como podríamos demostrar fácilmente si el tiempo lo permitiera. Sea como fuere, el proceso descendente de la oración podría ilustrar igual de bien el progreso de la vida divina en el alma. La última frase de la oración contiene una experiencia interna más profunda que su principio.

Todo creyente es un hijo de Dios, un adorador, un súbdito, un siervo, un mendigo y un pecador, pero no todo el mundo percibe las tentaciones que lo acosan o su propia tendencia a ceder a ellas. No todos los hijos de Dios, ni siquiera los de avanzada edad, conocen plenamente lo que significa ser metidos en tentación, porque algunos siguen un camino fácil y raras veces son zarandeados, y otros son bebés tan tiernos que apenas conocen sus propias corrupciones. Para comprender plenamente nuestro pasaje, una persona debe haber sufrido arduos golpes y haber batallado contra el enemigo dentro de su alma durante mucho tiempo. El que se ha librado por muy poco hace esta oración con un énfasis en su significado. El hombre que se ha sentido preso en el lazo del cazador, aquel que ha sido atrapado por el adversario y casi destruido, ora con un terrible anhelo: "No nos metas en tentación".

EL ESPÍRITU QUE HACE ESTA ORACIÓN

¿Qué sugiere una oración como esta? Primero, partiendo de la posición de la frase, concluyo que viene sugerida por la actitud de vigilancia. Esta petición viene después de la frase: "Perdónanos nuestras deudas". Supondré que la petición ha sido respondida y que se ha perdonado el pecado de ese hombre.

Entonces ¿qué? Si miran ustedes atrás a sus propias vidas, se darán cuenta pronto de lo que suele pasarle a un hombre perdonado, porque "como en el agua el rostro corresponde al rostro, así el corazón del hombre al del hombre" (Pr. 27:19). La experiencia interior de un hombre creyente es como la de otro, y los sentimientos de ustedes eran los mismos que los míos. Muy rápidamente, después de que el penitente haya recibido el perdón y lo haya sentido en su alma, el diablo lo tienta, porque Satanás no soporta perder a sus súbditos. Para superar este ataque especial, el Señor hace que el corazón esté vigilante.

El nuevo creyente, al percibir la ferocidad y la sutileza de las tentaciones de Satanás, y regocijándose en el perdón perfecto que ha recibido, clama a Dios: "No nos metas en tentación". Tras ese clamor al buen Señor se esconde el temor a perder el gozo del pecado perdonado. Es una oración de vigilancia, y tengan en cuenta que aunque hemos hablado de la vigilancia como algo necesario al comienzo de la vida cristiana, es igual de necesaria incluso hacia su final. No hay una sola hora en la que un creyente pueda permitirse dormitar. Vigilen, les ruego, cuando estén a solas, porque la tentación, como un asesino acechante, apunta con su daga a los corazones solitarios. Si quieren mantener afuera al diablo deben cerrar la puerta con cadena y cerrojo. Vigílense a sí mismos en público, porque las tentaciones en tropel disparan flechas todos los días. Los mejores compañeros que puedan elegir no dejarán de tener cierta influencia negativa en ustedes a menos que estén en guardia.

Después, esta me parece una oración natural dado el santo horror que provoca el pensamiento mismo de volver a caer en el pecado. Sería mejor morir de inmediato que seguir viviendo y recaer en nuestro primer estado, trayendo así deshonra al nombre de Jesucristo nuestro Señor. La oración ante nosotros nace de la aversión que embarga al alma en la primera aproximación del tentador. La pisada del maligno resuena en el oído del tímido penitente; este tiembla como una hoja de álamo y exclama: "¿Qué? ¿Ya viene de nuevo? ¿Y será posible que yo caiga otra vez? ¿Y podría volver a ensuciar estas vestiduras con ese pecado aborrecible que mató a mi Señor? ¡Que Él me guarde de un mal tan nefasto! Te ruego que me guíes adonde quieras, incluso por el valle de sombra de muerte, pero no me metas en tentación, para que no caiga y te ofenda". Aquel que en otro tiempo se viera atrapado en el cepo aún lleva en su carne las cicatrices y siente un temor espantoso a verse sujeto de nuevo por sus crueles dientes.

El tercer sentimiento también es evidente: la desconfianza de las fuerzas personales. El hombre que se siente lo bastante fuerte para cualquier cosa invita la batalla que pondrá a prueba su poder. Está listo para que lo lleven al combate. No es así con el hombre enseñado por Dios y que ha descubierto su propia debilidad; este no quiere que lo pongan a prueba, sino que busca lugares tranquilos donde pueda estar fuera de peligro. Si es tentado, verán lo firme que se muestra, pero no busca el conflicto. Sin duda aquellos que nunca han olido la pólvora o han visto los cadáveres apilados en sangriento montón son los que están tan ansiosos de conocer la bala y el obús, pero el veterano quisiera disfrutar sin duda de las agradables épocas de paz.

Ningún creyente experimentado anhela el conflicto espiritual, aunque es posible que este atraiga a algunos reclutas noveles. Para el cristiano, el recuerdo de sus debilidades anteriores (las resoluciones truncadas, las promesas incumplidas) le hace pedir en oración que en el futuro no se vea intensamente probado. No se atreve a volver a confiar en sí mismo. No quiere pelear con Satanás ni con el mundo, sino que pide que, en la medida de lo posible, sea librado de estos severos encuentros, y su oración es: "No nos metas en tentación".

El creyente sabio manifiesta una desconfianza sagrada; tal vez incluso podría decir que un desespero absoluto, cuando se considera a sí mismo. A pesar de que sabe que el poder de Dios todo lo puede, la sensación de su debilidad es tan fuerte que ruega que lo libren de pruebas demasiado arduas. De aquí que clame diciendo: "No nos metas en tentación".

Tampoco creo haber agotado las fases del espíritu que sugieren esta oración, porque me parece que nace, en cierto sentido, de la caridad. "¿De la caridad? —me dirán—. ¿Cómo es eso?". Bueno, es una conexión que debe observarse siempre y, al leer la frase anterior en relación con ella, tenemos las palabras: "como también nosotros perdonamos a nuestros deudores. Y no nos metas en tentación". No debemos ser demasiado severos con aquellas personas que nos han hecho daño y nos han ofendido, sino que en lugar de ello hemos de orar: "Señor, no nos metas en tentación".

NO NOS METAS EN TENTACIÓN

Es cierto que estuvo muy mal que aquel joven utilizara tan deshonestamente tus bienes. Aun así, se hallaba bajo una gran presión de una mano fuerte y solo cedió por compulsión. No seas demasiado severo. No digas: "Voy a llevar este asunto más lejos: que caiga sobre él el peso de la ley". No, espera un poco; deja que hable la compasión; que la voz suave de la misericordia te exponga su apelación. Recuerda que también tú puedes ser tentado, y ora diciendo: "No nos metas en tentación".

Me temo que, por mal que se comportan algunos sometidos a la tentación, de habernos encontrado en esa misma situación actuaríamos peor. Si puedo, me gusta emitir un juicio amable sobre los que yerran, y me ayuda a hacerlo el hecho de imaginarme sujeto a sus pruebas y mirar las cosas desde su punto de vista, como si hubiera estado en sus circunstancias sin contar con una pizca de la gracia de Dios para ayudarme. ¿No habría caído yo hasta el punto en que han caído ellos, o incluso haberles superado en mi depravación?

> Por mal que se comportan algunos sometidos a la tentación, de habernos encontrado en esa misma situación actuaríamos peor.

¿No es posible, quizá, que llegue el día en que ustedes, que no han mostrado misericordia, tengan que pedirla a otros? ¿He dicho: "No es posible"? No, seguro que llega esa ocasión. Cuando, dejando todo atrás, deban echar una mirada retrospectiva a sus vidas y vean mucho de lo que lamentarse, ¿a qué podrán apelar sino a la misericordia de Dios? ¿Y qué pasaría si Él respondiera: "Apelaron a tu misericordia y no la mostraste. Así como hiciste a otros te será hecho a ti"? ¿Qué respuesta tendrían si Dios les tratara de este modo? ¿Acaso esa respuesta no sería justa?

LA PRIORIDAD DE LA ORACIÓN

Cuando un hombre está delante del tribunal, ¿no debería cosechar lo que ha sembrado? De modo que pienso que esta oración: "No nos metas en tentación", debería surgir a menudo del corazón a través del sentimiento caritativo hacia otros que se han equivocado pero que son de carne y hueso como nosotros.

Ahora, cuando vean a un borracho haciendo eses por la calle, no se gloríen acerca de él, sino que digan: "No nos metas en tentación". Cuando compren el diario y lean en él que unos hombres de posición encumbrada han manifestado su confianza en el dinero, condenen su conducta si quieren, pero no se jacten de su propia incorruptibilidad. Más bien, clamen con toda humildad: "¡No nos metas en tentación!". Cuando esa pobre muchacha que fue seducida para apartarse de la virtud se cruce en su camino, no la miren con ese desprecio que la entregaría a la destrucción, sino que digan: "No nos metas en tentación". Si esta oración estuviera con tanta frecuencia en nuestros corazones como lo está en nuestros labios, nos enseñaría a ser más amables y compasivos con los hombres y las mujeres pecadores.

Una vez más, ¿no creen que esta oración manifiesta un espíritu de confianza, la confianza en Dios? En esta expresión hallamos cierto grado de tierna familiaridad y osadía santa. Por supuesto, ahora que soy su hijo, Dios me guiará. Además, ahora que me ha perdonado, sé que no me llevará adonde pueda recibir algún daño. Esto es lo que debería saber y creer mi fe; no obstante, por diversos motivos, mi mente teme que su providencia me lleve adonde puedo ser tentado. Ese temor, ¿es correcto o no lo es? Es una carga para mi mente; ¿puedo acudir con ella a mi Dios? ¿Puedo expresarle esta inquietud de mi alma? ¿Puedo derramar esta ansiedad ante el Dios grande, sabio y amoroso? ¿No seré impertinente?

No, no lo seré, porque Jesús pone las palabras en mi boca y dice:

NO NOS METAS EN TENTACIÓN

"Vosotros, pues, oraréis así". Tienen miedo de que les meta en tentación, pero no lo hará. O, si Él considera oportuno probarles, también les dará las fuerzas necesarias para resistir hasta el fin. En su infinita misericordia, le complacerá preservarles. Es totalmente seguro que lo sigan allá adonde los lleve, porque su presencia hará que incluso el aire más mortífero sea saludable. Pero dado que, instintivamente, sienten el temor de que los lleve adonde el combate es demasiado arduo y el camino demasiado áspero, díganselo sin reserva alguna a su Padre celestial.

Saben que, en el hogar, si un hijo tiene alguna pequeña queja contra su padre, lo mejor que puede hacer es decírsela. Si cree que su padre el otro día no le prestó suficiente atención, o que la tarea que este le ha encomendado es demasiado dura, o imagina que su padre espera demasiado de él, si no dice nada al respecto, puede enfurruñarse y perder buena parte del cariño tierno que debe sentir siempre el corazón de un niño. Pero cuando el pequeño dice abiertamente: "Padre, no quiero que pienses que no te quiero o que no confío en ti, pero tengo un pensamiento turbio que me ronda por la mente". Este es el camino más sabio que se puede seguir, y manifiesta una confianza filial. Es la manera de conservar el amor y la confianza.

Es decir, que si tienen una sospecha en su alma de que quizá su Padre les ha metido en una tentación demasiado ardua para ustedes, díganselo. Cuéntenselo aunque les parezca que es tomarse demasiadas libertades. Aunque el temor sea el fruto de la incredulidad, denlo a conocer a su Señor y no lo guarden para sí hoscamente. Recuerden que el Padrenuestro no fue formulado para Él, sino para ustedes, y por lo tanto es importante desde el punto de vista humano, no desde el divino. El Padrenuestro no es para nuestro Señor, sino para nosotros, sus hijos; y los hijos dicen a sus padres muchísimas cosas que son apropiadas pero que no son sabias o precisas conforme a la medida del conocimiento de sus padres. El padre comprende las palabras de su corazón, y aun así puede haber mucho de lo que dicen que es una necesidad o un error.

Por lo tanto, considero que esta oración manifiesta esa bendita confianza de un niño que confiesa a su padre el temor que le angustia, tanto si ese miedo tiene justificación como si no. Amados, aquí no tenemos que debatir si Dios mete a alguien en tentación o no, o si podemos caer de la gracia o no. Basta que sintamos temor y se nos permita confesarlo a nuestro Padre celestial. Siempre que tengan un temor del tipo que sea, apresúrense a exponerlo a aquel que ama a sus pequeños y que, como un padre, les compadece y les consuela incluso cuando ellos sienten una alarma injustificada.

DE QUÉ TENTACIONES DEBEMOS PEDIR QUE NOS LIBRE DIOS

¿Cuáles son esas pruebas que dan tanto miedo? No creo que el propósito de esta oración sea pedir a Dios que nos libre de ser afligidos por nuestro bien o que nos exima de padecer sufrimientos a modo de castigo. Por supuesto, debemos alegrarnos de eludir tales cosas, pero la oración tiene como meta otro tipo de prueba y podemos parafrasearla de este modo: "Líbrame, oh Señor, de las pruebas y de los sufrimientos que puedan llevarme al pecado. Líbrame de las pruebas demasiado fuertes, para que no caiga cuando superen mi paciencia, mi fe o mi resolución".

Ahora, con la mayor brevedad posible, les mostraré cómo la mano de Dios puede meter en tentación a los hombres. La primera manera es mediante la suspensión de la gracia divina. Supongamos por un momento (y es solo una suposición) que el Señor nos aban-

NO NOS METAS EN TENTACIÓN

donara por completo; entonces moriríamos de inmediato. Pero supongamos, y esto no es una suposición absurda, que Él, en cierta medida, apartara de nosotros sus fuerzas. ¿No estaríamos entonces en una situación penosa? Supongamos que Él no respaldara nuestra fe; ¡qué incredulidad manifestaríamos! Supongamos que se negara a apoyarnos en los momentos de prueba, de modo que ya no mantuviéramos nuestra integridad; ¿qué sería de nosotros? ¡Ah, ni el hombre más recto seguiría siéndolo mucho tiempo, ni el más santo conservaría su santidad!

Supón, querido amigo, que Dios apartara de ti su presencia; ¿cuál sería tu porción? Todos nos parecemos tanto a Sansón en este asunto que tengo que usarlo como ilustración, aunque ha habido otros que lo han usado con este mismo propósito. Mientras los mechones de nuestra cabeza están donde deben, podemos hacer cualquier cosa.

> Si el Señor se aparta de nosotros e intentamos obrar por nuestra cuenta, entonces somos tan débiles como el insecto más diminuto.

Podemos matar leones, cargar con las puertas de Gaza y aplastar a los ejércitos extranjeros. Por esa marca, divina y consagrante, somos fuertes en el poder de su fuerza, pero si el Señor se aparta de nosotros e intentamos obrar por nuestra cuenta, entonces somos tan débiles como el insecto más diminuto.

Otro conjunto de tentaciones nos acecha en las circunstancias providenciales. Las palabras de Agur, hijo de Jaqué, me servirán como ejemplo aquí:

Vanidad y palabra mentirosa aparta de mí;
No me des pobreza ni riquezas;

Manténme del pan necesario;
No sea que me sacie, y te niegue, y diga: ¿Quién es Jehová?
O que siendo pobre, hurte,
Y blasfeme el nombre de mi Dios (Pr. 30:8-9).

Algunos de nosotros no hemos conocido nunca lo que es la verdadera necesidad, sino que hemos vivido desde nuestra juventud en la comodidad social. Ah, queridos amigos, cuando vemos lo que la extrema pobreza ha inducido a hacer a algunos hombres, ¿cómo podemos saber si no nos habríamos comportado incluso peor si hubiéramos sido tan presionados como ellos?

Y, por otro lado, examinemos las tentaciones del dinero, cuando las personas tienen más para gastar de lo que puedan necesitar, y están rodeadas de una sociedad que las tienta a caer en las apuestas, el juego, la prostitución y todo tipo de iniquidades. Aquel joven que tiene una fortuna al alcance de su mano antes de alcanzar una edad en que tenga madurez, y que está rodeado de aduladores y de tentadores, todos ansiosos por quedarse con su dinero, ¿les extraña que sea guiado al vicio y se convierta en un hombre sumido en la ruina moral? Es mejor que den gracias al cielo por no haber conocido esa tentación, porque si se cruzara en su camino, también correrían un grave peligro. Si las riquezas y el honor los atraen, no los sigan ansiosamente, sino que oren: "No nos metas en tentación".

A menudo, unas circunstancias providenciales prueban a los hombres. Ahí tenemos a un hombre cuya meta es obtener dinero fácil en los negocios; ¿cómo va a afrontar la onerosa deuda? Si no lo hace, será una catástrofe para su familia; la empresa comercial de la que ahora extrae su medio de ganarse la vida se habrá esfumado. Todo el mundo se avergonzará de él, sus hijos se volverán parias y él se arruinará. Solo tiene que utilizar una suma de dinero en fideicomiso. No tiene derecho ni a un solo penique, porque no es suyo, pero aun así mediante su uso temporal quizá fuera posible capear la dificultad. El diablo le dice que puede reponer esa cantidad en solo una semana. Si toca ese dinero será un acto reprobable, pero entonces se dice: "No le hará daño a nadie y será una solución maravillosa".

Si cede a esta sugerencia y la cosa sale bien, habrá algunos que dirán: "Bueno, después de todo no ha perjudicado a nadie, y fue un proceder sensato, porque lo libró de la ruina". Pero si sale mal y lo descubren, todo el mundo dirá: "¡Ha sido un robo vergonzoso! ¡Deberían meterlo en la cárcel!".

Pero, hermanos, el acto estuvo mal en sí mismo, y las consecuencias ni lo mejoran ni lo empeoran. No condenen con amargura, sino que oren una y otra vez: "No nos metas en tentación; no nos metas en tentación". Miren, Dios coloca a las personas en esos entornos providenciales en los momentos en que sus pruebas son más severas. Son probados por su bien, y cuando soportan la prueba glorifican a Dios y ellos mismos se vuelven más fuertes. La prueba, cuando es posible soportarla, tiene usos beneficiosos, y por consiguiente, Dios no siempre protege a sus hijos de ella.

Nuestro Padre celestial nunca ha querido consentirnos y mantenernos lejos de la tentación, porque eso no forma parte del sistema que Él, en su sabiduría, ha provisto para nuestra educación.

Nuestro Padre celestial nunca ha querido consentirnos y mantenernos lejos de la tentación, porque eso no forma parte del sistema que Él, en su sabiduría, ha provisto para nuestra educación. No

LA PRIORIDAD DE LA ORACIÓN

quiere que durante toda la vida seamos bebés que van en carrito. Dios creó a Adán y a Eva en el huerto, y no puso una cerca de hierro en torno al árbol del conocimiento, diciendo: "Ahora no podrán llegar a él". No, les advirtió que no tocaran aquel fruto, pero si querían podían acercarse a él. Dios pretendía que tuvieran la posibilidad de alcanzar la dignidad de la fidelidad voluntaria si se mantenían firmes, pero ellos la perdieron debido a su pecado. Y Dios, en su nueva creación, no quiere proteger a su pueblo de todo tipo de prueba, porque eso criaría hipócritas y haría que incluso los fieles fueran siempre débiles y atrofiados. A veces el Señor coloca a los elegidos en lugares de prueba, y hacemos bien cuando oramos: "No nos metas en tentación".

Hay tentaciones que nacen de nuestras condiciones físicas. Hay algunos hombres que tienen un carácter moral porque gozan de buena salud; y hay otros hombres que son muy malos y que, sin duda, si lo supiéramos todo de ellos, les mostraríamos cierta tolerancia al ver su penosa salud. Hay personas para quienes ser animosas y generosas no supone ningún esfuerzo, mientras que hay otras que tienen que esforzarse mucho para mantenerse lejos del desespero y de la misantropía. Un hígado enfermo, un corazón con palpitaciones o un cerebro lesionado son cosas contra las que es difícil luchar.

¿Se queja esa pobre anciana? ¡Si solo ha padecido reumatismo los últimos treinta años, y aun así solo se lamenta de vez en cuando y en murmullos! ¿Cómo estarían ustedes si soportaran su dolor treinta minutos? He oído hablar de un hombre que se quejaba de todo el mundo. Cuando llegó el momento de su muerte y los médicos abrieron su cráneo, descubrieron que la cavidad craneal ejercía una presión indebida sobre su cerebro y que el hombre padecía de un cerebro hipersensible. ¿No explica eso muchas de sus duras palabras? No menciono estos casos para excusar el pecado,

NO NOS METAS EN TENTACIÓN

sino para inducirnos a ustedes y a mí mismo a tratar a las personas con todo el cariño que nos sea posible, y para que oremos diciendo: "Señor, no me des una cavidad craneal pequeña, y no permitas que sufra reumatismo u otros dolores, porque en semejante situación es posible que yo fuera mucho peor que ellos. No nos metas en tentación".

Una vez más, a menudo las condiciones mentales plantean grandes tentaciones. Cuando un hombre se deprime, es tentado. A menudo, aquellos entre nosotros que se regocijan mucho se hunden tanto como nos elevan, y cuando todo parece oscuro a nuestro alrededor, sin duda Satanás aprovechará la ocasión para alimentar el desaliento. Dios no quiera que nos excusemos a nosotros mismos, pero, queridos hermanos, rueguen no caer en esta tentación. Quizá si fueran el blanco del nerviosismo y del abatimiento de espíritu como lo es ese amigo al que acusan de ser melancólico, tendrían más culpa que él. Por lo tanto, compadecen antes de condenar.

Y, por otro lado, cuando el espíritu está lleno de gozo y el corazón dispuesto a bailar de alegría, es fácil que se infiltre la frivolidad y se digan palabras inconvenientes. Rueguen al Señor no permitirles elevarse tanto ni hundirse hasta el punto de ser guiados al mal. Nuestra oración constante debe ser: "No nos metas en tentación".

Aparte de esto, hay tentaciones que surgen de asociaciones personales que se forman para nosotros conforme al orden de la providencia. Estamos llamados a renunciar a las malas compañías, pero hay casos en que, sin falta alguna por su parte, las personas se ven obligadas a asociarse con malos personajes. Puedo poner como ejemplo al niño piadoso cuyo padre es blasfemo, y a la mujer de fe cuyo marido no solo blasfema sino que insulta el nombre de Cristo. Sucede lo mismo con los operarios que tienen que trabajar en talleres, donde los compañeros lascivos cada seis palabras dejan

LA PRIORIDAD DE LA ORACIÓN

caer un juramento y utilizan un lenguaje tan sumamente sucio que cada día nos escandaliza más.

Bien, si a las personas se las obliga a trabajar en esas tiendas o vivir en familias así, pueden llegar momentos en que, bajo el látigo de las burlas, el desdén y el sarcasmo, el corazón puede sentirse un tanto desanimado y la lengua negarse a hablar de Cristo. Ese silencio y esa cobardía no deben excusarse, pero aun así no censuren a sus hermanos, sino que digan: "Señor, no me metas en tentación". ¿Cómo sabes que serías más osado? Pedro se acobardó ante una criada parlanchina, y tú puedes amilanarte por la lengua de otra mujer.

La peor tentación que conozco para un cristiano joven es vivir con un hipócrita, un hombre tan santificado y recatado que el corazón joven, engañado por las apariencias, confía plenamente en él, mientras que aquel desdichado tiene un corazón falso y una vida podrida. Y esos desdichados son quienes, con la pretensión y la afectación de la santurronería, harán cosas que nos hacen derramar lágrimas de sangre. Los jóvenes se quedan increíblemente atónitos, y muchos de ellos ven cómo sus rasgos espirituales quedan deformados de por vida por haberse relacionado con hombres como aquellos. Cuando ustedes vean faltas que son fruto de unas causas tan frecuentes pero terribles, díganse a sí mismos: "Señor, no me metas en tentación. Te doy las gracias por unos padres creyentes, por las asociaciones cristianas y por los buenos ejemplos, pero ¿qué podría haber sido yo de haberme visto inmerso en todo lo contrario? Si me hubieran asaltado las malas influencias cuando, como un barco, estaba gobernando el timón, habría manifestado unos pecados aún mayores que esos que ahora detecto en otros".

De esta misma manera podría seguir exhortándoles, queridos amigos, contra diversas tentaciones. Pero déjenme que les diga que

NO NOS METAS EN TENTACIÓN

el Señor reserva para algunas personas unas pruebas muy especiales, como las que pueden verse en el caso de Abraham. Dios le da un hijo, siendo ya anciano, y luego le dice: "Toma ahora tu hijo, tu único, Isaac, a quien amas, y vete a tierra de Moriah, y ofrécelo allí en holocausto sobre uno de los montes que yo te diré" (Gn. 22:2). Harán bien en orar diciendo: "Señor, no me metas en una tentación como esa. No soy digno de ser probado así. ¡Oh, no me pruebes de ese modo!". He conocido a cristianos que se han sentado y han reflexionado sobre si podrían haber actuado como lo hizo el patriarca. Eso es absurdo, amados hermanos. Cuando seas llamado a hacerlo, se te capacitará para hacer el mismo sacrificio por la gracia de Dios, pero si no eres llamado a ello, ¿para qué habría que darte el poder? ¿Quedará sin usar la gracia de Dios? Tus fuerzas serán las que precise tu día, pero no superiores.

Podemos encontrar otro ejemplo en Job. Dios entregó a Job a Satanás con un límite, y ya saben cómo Satanás lo atormentó e intentó tentarlo. Si alguien orara diciendo: "Señor, pruébame como a Job", sería una oración muy insensata.

"Ah, pero es que yo podría ser tan paciente como él", dirá alguno. Pues ese sería precisamente el hombre que cedería a la amargura y maldeciría a su Dios. El hombre que mejor manifestara la paciencia de Job sería el primero que, conforme a la instrucción de su Señor, orara fervientemente: "No nos metas en tentación".

> Las pruebas que se buscan no son las que el Señor ha prometido bendecir.

Queridos amigos, debemos estar preparados para la prueba si Dios lo dispone, pero tampoco debemos buscarla, sino más bien orar pidiendo que no llegue, igual que nuestro Señor Jesús que, aunque estaba dispuesto a tomar la copa amarga, en medio de su agonía exclamó: "Si es posible, pase de mí esta copa" (Mt. 26:39). Las pruebas que se buscan no son las que el Señor ha prometido bendecir. Ningún hijo auténtico busca la vara.

Para clarificar lo que digo, permítanme compartir una vieja anécdota. He leído en un libro de historia que, en los días ardorosos de la reina María, dos hombres fueron condenados a morir como mártires. Uno de ellos se jactaba a gran voz ante su compañero de su confianza en que se comportaría como un valiente cuando estuviera en la pira. No le importaba el sufrimiento; estaba tan afirmado en el evangelio que sabía que jamás lo negaría. Dijo que anhelaba aquella mañana fatal tanto como una novia aguarda su boda.

Su compañero que estaba en la misma celda era una pobre alma, temblorosa, que no podía ni quería negar a su Maestro, pero que tenía mucho miedo de la hoguera. Dijo que siempre había sido sensible al sufrimiento y tenía gran temor de que, cuando empezara a quemarse, el dolor le indujera a negar la verdad. Pidió a su amigo que orara por él, y se pasó el rato llorando por su debilidad y pidiendo fortaleza a Dios. El otro no dejó de reprenderlo y de criticarlo por ser tan incrédulo y tan débil.

Cuando los dos llegaron a la pira, aquel que había sido tan valiente se retractó a la vista de las llamas y regresó ignominiosamente a la vida de un apóstata. El pobre hombre tembloroso, cuya oración había sido: "No nos metas en tentación", se mantuvo firme como una roca, alabando y magnificando a Dios mientras lo abrasaban.

La debilidad es nuestra fuerza, y nuestra fuerza es debilidad. Clamen a Dios pidiendo que no les pruebe más allá de sus fuerzas, y en la ternura medrosa de la consciencia de su debilidad, musiten la oración: "No nos metas en tentación". Entonces, si Dios los lleva al conflicto, su Espíritu Santo los fortalecerá y serán valientes como

NO NOS METAS EN TENTACIÓN

leones delante de su adversario. Aunque en su interior tiemblen y se encojan ante el trono de Dios, podrían enfrentarse al propio diablo y a todas las huestes del infierno sin una pizca de temor. Puede parecer extraño, pero es así.

LAS LECCIONES QUE ENSEÑA ESTA ORACIÓN

La primera lección de esta oración es la siguiente: nunca te jactes de tus propias fuerzas. Nunca digas: "Oh, yo nunca caeré en tales locuras y pecados. Ya pueden ponerme a prueba, ya, que en mí encontrarán un contrincante superior". Que nadie que se vista su armadura se jacte como si se la estuviera quitando. No alimenten jamás un pensamiento de jactancia respecto a sus fuerzas. Por sí solos no tienen poder; son débiles como el agua. El diablo solo tiene que tocarles en el lugar adecuado y correrán por donde él les diga que vayan. En cuanto se desplacen una o dos piedras, pronto verán que el endeble edificio de su propia virtud natural se desmoronará como si nada. Nunca se expongan a la tentación al jactarse de su capacidad.

Lo siguiente es: nunca deseen una prueba. Querido hermano, no desees tal cosa; los problemas pronto vendrán por sí solos. Si yo fuera un niño pequeño en casa de mis padres, no creo que debiera decirle a mi hermano después de que lo azotaran: "Me temo que no soy hijo de mi padre y que él no me ama, porque no me ha castigado con la vara. ¡Ojalá me azotara para demostrarme su amor!". No, ningún niño sería tan estúpido. No debemos desear, por el motivo que sea, ser afligidos o probados, sino que debemos orar diciendo: "No nos metas en tentación".

El siguiente pensamiento es: nunca acudan a la tentación. El hombre que ora: "No nos metas en tentación" y luego acude a ella

LA PRIORIDAD DE LA ORACIÓN

es un embustero delante de Dios. ¡Qué hipócrita debe ser aquel que pronuncia esta oración y luego se va al teatro! ¡Cuán falso es el hombre que levanta esta oración y luego acude al bar y bebe y charla con hombres depravados y mujeres con prendas ostentosas! "No nos metas en tentación" es una profanidad vergonzosa cuando sale de labios de hombres que acuden a lugares de ocio cuyo ambiente moral es nefasto.

La gente va a la iglesia y dice: "No nos metas en tentación", y luego, como saben dónde se encuentra esa tentación, van directos a ella. No pidan al Señor que los conduzca a ella; Él no tiene nada que ver con ustedes. El diablo y ustedes ya llegan lo bastante lejos sin necesidad de burlarse de Dios con sus oraciones hipócritas. El hombre que acude al pecado voluntariamente, con los ojos abiertos, y luego dobla sus rodillas y repite media docena de veces en su iglesia, el domingo por la mañana: "No nos metas en tentación", es un hipócrita que no lleva máscara. Que se lleve a casa este mensaje, y que crea que es personalmente para él y para todos aquellos hipócritas descarados como él.

> No hagan nada de lo que tengan que avergonzarse o que no quieran que otros imiten.

El último mensaje es este: si ruegan a Dios que no les meta en tentación, no conduzcan a ella a otros. Algunos parecen ser singularmente olvidadizos del efecto que tiene su ejemplo, porque hacen cosas malas en presencia de sus hijos y de aquellos que se fijan en sus actos. Les ruego que consideren que, mediante el mal ejemplo, destruyen a otros además de a sí mismos. Queridos hermanos, no hagan nada de lo que tengan que avergonzarse o que no quieran que otros imiten. Hagan lo correcto siempre, y no permitan que

NO NOS METAS EN TENTACIÓN

Satanás les convierta en la zarpa de un gato con la que destruir las almas de otros. Habiendo orado: "No nos metas en tentación", no sean hipócritas al permitir que sus hijos acudan a ella. Que Dios bendiga estas palabras para nosotros. Que se introduzcan en sus almas, y si alguno siente que ha pecado, ¡oh, que pida ahora perdón por medio de la sangre preciosa de Cristo y lo encuentre por medio de la fe en Él! Cuando haya obtenido misericordia, que su siguiente deseo sea mantenerse alejado del pecado en el futuro, como lo hizo antes, y por consiguiente que ore diciendo: "No nos metas en tentación". Que Dios les bendiga.

7

Orar sin cesar

RESUMEN:
Primero, Spurgeon pregunta qué implican estas palabras. Señala que la postura, el lugar y el momento no son límites inalterables. Entonces pregunta qué significa esto. Afirma que no hay momentos en los que no haya que orar. Nunca debemos abandonar la oración, sino practicarla como hacemos con nuestra respiración. Spurgeon pregunta cómo podemos aplicar estas palabras. No debemos permitir que las interrupciones pecaminosas nos impidan orar. Por último, Spurgeon pregunta por qué debemos obedecer este precepto. Responde que es una bendición y una adoración.

CITAS DESTACADAS:
"No hay momentos en los que no haya que orar".

"Igual que el perfume permanece en las flores aun cuando estas no lo esparcen en el viento, que la oración permanezca en sus corazones".

Sermón predicado por Charles H. Spurgeon el 10 de marzo de 1872. *Metropolitan Tabernacle Pulpit*, vol. 18.

7

Orar sin cesar

Orad sin cesar.
1 TESALONICENSES 5:17

EL LUGAR DONDE aparece nuestro pasaje es muy significativo. Viene inmediatamente después del precepto: "regocijaos siempre", como si ese mandamiento, de alguna manera, hubiera dejado pasmado al lector induciéndole a preguntar: "¿Cómo puedo regocijarme siempre?". Por eso el apóstol añadió la respuesta: "Orad sin cesar". Cuanta más oración, más gozo. La oración ofrece una vía de escape para las tristezas contenidas en el alma; estas salen fluyendo y, en su lugar, se derraman sobre el corazón raudales de sagrado deleite. Cuando el corazón se halla en un estado de calma y lleno de gozo en el Señor, entonces sin duda se acercará al Señor también con adoración. El gozo santo y la oración actúan juntos y reaccionan el uno al otro.

Observemos lo que dice a continuación el pasaje: "Dad gracias en todo". Cuando el gozo y la oración se casan, su hijo primogénito es la gratitud. Cuando nos gozamos en Dios por lo que tenemos, y oramos con fe a Él para obtener más, nuestras almas le muestran su gratitud tanto al disfrutar de lo que tenemos como por la expectativa de lo que vendrá. Estos tres pasajes son tres imágenes relacionadas, que representan la vida de un cristiano genuino. El elemento central es el vínculo que conecta los que están a ambos lados. Estos tres preceptos son un ornamento de gracia para el cuello de todo creyente. Llévenlos, cada uno de ustedes, para gloria y para belleza; regocíjense siempre, oren sin cesar y den gracias en todo.

¿QUÉ IMPLICAN ESTAS PALABRAS?

¿Acaso no sugieren que el uso de la voz no es un elemento esencial en la oración? Incluso si pudiéramos estar siempre orando en voz alta, sería bastante impropio. Por supuesto, eso nos privaría de oportunidades de predicar y de escuchar, de mantener conversaciones amistosas, de hacer negocios o de desempeñar cualquier otro deber propio de esta vida. El alboroto de tantas voces recordaría a nuestros vecinos más la adoración de Baal que la de Sion.

El Señor Jesús nunca pretendió que nuestras gargantas, pulmones y lenguas estuvieran constantemente en funcionamiento. Dado que hemos de orar sin cesar, y aun así no podemos orar sin cesar usando la voz, es evidente que el lenguaje audible no es esencial para la oración. Es posible decir mil palabras que parecen constituir una oración y no haber orado. Por otro lado, podemos clamar eficazmente junto a los oídos de Dios sin haber dicho una sola palabra.

En el libro de Éxodo, Dios aparece diciéndole a Moisés: "¿Por qué clamas a mí?" (Éx. 14:15). Sin embargo, no se nos dice que en aquellos momentos Moisés hubiera pronunciado ni siquiera una sílaba. Es cierto que a menudo el uso de la voz ayuda a orar. Personalmente, he descubierto que, cuando estoy a solas, la mejor manera de orar es cuando escucho mi propia voz; al mismo tiempo, no es algo esencial, no incide en la aceptabilidad, la realidad o la eficacia de la oración. El silencio es una vestidura tan digna para la devoción como la que pueda tejer cualquier idioma.

Es igual de evidente que la postura que adoptemos para orar no tiene gran importancia, dado que si fuera necesario orar de rodillas, no podríamos orar sin cesar, porque la postura se volvería dolorosa y lesiva. ¿Con qué fin nos ha dado pies nuestro Creador si no desea que nos afirmemos sobre ellos? Si hubiera pretendido que estuviéramos en todo momento de rodillas, habría formado el cuerpo de otra manera y no nos habría dotado de esa longitud innecesaria de los miembros. Está bien orar de rodillas; es una postura idónea. Expresa humildad y, cuando la humildad se siente de verdad, arrodillarse es una forma natural y hermosa de mostrarla, pero ha habido hombres buenos que han orado postrados sobre su rostro, sentados, de pie o en cualquier otra postura, y la postura no afecta a la esencia de la oración. No permitan que les esclavicen aquellos para quienes doblar la rodilla es más importante que tener un corazón contrito.

También está claro que el lugar no es esencial para la oración, porque, si solamente hubiera determinados lugares sagrados en los que fuera aceptable la oración y tuviéramos que orar sin cesar, nuestras iglesias deberían ser extremadamente grandes, para que pudiéramos pasarnos la vida metidos en ellas, y deberían contener todos los artículos necesarios para la morada humana. Si fuera cierto que a este lado de una pared de ladrillos hay más santidad que al otro lado; si fuera cierto que el aire fresco disipa la gracia y que para la máxima aceptación necesitamos arcos de crucería, pilares, un pasillo, un coro y un presbiterio y un crucero, entonces, ¡adiós, verdes prados, hermosos jardines y preciosos bosques, porque debemos habitar en todo momento donde su fragancia y frescor nunca nos alcancen! Pero esto es ridículo; por lo tanto, entiendo que el acto de frecuentar determinado lugar concreto tiene poco o nada que ver con la oración.

El precepto "orad sin cesar" derriba de un plumazo la idea de que hay momentos particulares en los que la oración es más aceptable o más correcta que en otros. Si debo orar sin cesar, entonces, cada segundo debe ser idóneo para hacerlo y no existe un solo instante en la hora que no sea santo, ni una sola hora del día que no sea acepta, ni un solo día del año que no esté consagrado. El Señor no ha determinado una semana específica para la oración, sino que todas las semanas deben ser semanas de oración. Tampoco ha dicho que una hora del día sea más aceptable que otra. Todo momento es igual de legítimo para suplicar, igual de santo, igual de aceptable para Dios, porque de otro modo Él no nos hubiera pedido que oremos sin cesar.

Está bien tener momentos para orar; está bien separar épocas donde elevar súplicas especiales (de eso no tenemos duda), pero nunca debemos permitir que esto fomente la superstición de que existe determinada hora sagrada para orar por la mañana, una hora especialmente aceptable para orar por la tarde y un momento sagrado para orar en determinados momentos del año.

Siempre que buscamos al Señor con corazones sinceros, lo encontramos. Siempre que clamamos a Él, nos escucha. Para un corazón santo cualquier lugar es santo, y para un hombre santo cualquier día también lo es. De enero a diciembre, el calendario no contiene una sola fecha en la que se prohíba la oración. Todos los días están marcados en rojo. Tanto si son domingo como otros días de la semana, todos son momentos aceptables para la oración.

En este texto encontramos un elemento implícito, a saber: que un cristiano no tiene derecho a acudir a ningún lugar donde no pueda seguir orando. ¿Orar sin cesar? Entonces nunca puedo estar en un lugar en el que no pueda orar ininterrumpidamente. Por lo tanto, hay muchas distracciones mundanales, sin necesidad de mencionarlas, que se pueden juzgar y condenar de inmediato. Algunas personas creen en oraciones preparadas, aplicables a todas las ocasiones, y al mismo tiempo creen que las personas son regeneradas por medio del bautismo, aunque sus vidas sean de todo menos cristianas. ¿No deberían ofrecer oraciones para todas las circunstancias en las que se encuentran esos hijos e hijas de su iglesia, regenerados pero carentes de gracia? Por ejemplo, una colecta piadosa para un joven príncipe o noble que está a punto de participar en un concurso de tiro, para que se le pueda perdonar su crueldad con esos pobres palomos que quedan malheridos y que agonizan en medio del dolor. O una oración para un caballero, religioso y regenerado, que acude a ver una carrera de caballos, y una colecta para los jóvenes que quieren ir al teatro a ver una obra más que cuestionable. ¿No se podrían introducir unas colectas tan especiales como esas?

La idea es repelente. Bueno, pues entonces no tengan nada que ver con aquello sobre lo que no pueden pedir la bendición de Dios, no tengan relación alguna con ello, porque si Dios no puede bendecirlo es que el diablo lo ha maldecido. Pueden consagrar en oración todas aquellas cosas que les es lícito hacer, y que este sea un baremo seguro y un crisol: si sienten que sería un insulto para la majestad en los cielos pedir la bendición del Señor sobre lo que les han propuesto, no participen de algo que es impío. Si Dios no lo aprueba, tampoco ustedes deben tener comunión con ello.

¿QUÉ SIGNIFICAN ESTAS PALABRAS?

Si no significan que estemos siempre arrodillados, si no tenemos que estar siempre orando en voz alta, ni siempre en la iglesia o en

LA PRIORIDAD DE LA ORACIÓN

un culto, y no significan que debemos considerar que hay días que no sean propicios para orar, ¿qué significan? Las palabras significan, primero, un privilegio y, segundo, un precepto.

Con estas palabras, nuestro Señor Jesucristo les garantiza que pueden vivir orando sin cesar. No hay momentos en los que no haya que orar. Tienen el permiso concedido para acudir ante el propiciatorio cuando lo deseen, pues el velo del lugar santísimo está rasgado en dos partes de arriba abajo, y nuestro acceso al propiciatorio es indiscutido e indiscutible. Los reyes celebran sus recepciones en determinados días establecidos, y sus cortesanos son admitidos entonces, pero el Rey de reyes recibe siempre. El Rey de reyes ha llamado a todo su pueblo y ellos pueden acudir en todo momento.

> No hay momentos en los que no haya que orar.

Aquellos que entraban a la presencia del rey Asuero morían si este no extendía su cetro hacia ellos; pero nuestro Rey nunca aparta su cetro, siempre está extendido, y todo aquel que desee acudir a Él puede hacerlo ahora y en todo momento. Algunos pocos miembros de la nobleza tenían el derecho peculiar y especial de mantener una audiencia con el rey persa en cualquier momento. Ahora, aquello que era el derecho peculiar de unos pocos, y de los más grandes, es el privilegio de todos los hijos de Dios. Pueden venir ante Dios en todo momento. En medio de la noche no es demasiado tarde para Dios; al amanecer, cuando se percibe la primera luminosidad grisácea, no es demasiado temprano para el Altísimo; al mediodía Él no está demasiado ocupado, y cuando cae la tarde no se ha cansado de las oraciones de sus hijos. "Orad sin cesar", si lo interpreto correctamente, es un permiso dulce y precioso concedido al creyente para derramar en cualquier instante su corazón ante el Señor.

Las puertas del templo del amor divino nunca se cerrarán. Nada puede levantar una barrera entre el alma que ora y su Dios. El camino de los ángeles y de las oraciones siempre está abierto. Limitémonos a enviar la paloma de la oración y podemos estar seguros de que volverá a nosotros llevando en el pico una ramita del olivo de la paz. El Señor siempre presta oídos a los ruegos de sus siervos y espera para mostrarles su gracia.

Pero, aun así, ¿qué significa? "Orad sin cesar" expresa una gran verdad que no puedo transmitirles con solo unas pocas palabras y, por lo tanto, debo intentar exponérsela mediante cuatro o cinco puntos.

Nunca abandonen la oración

Lo primero que significa es que no abandonen jamás la oración. Nunca, por ninguna causa o motivo, dejen de orar. No imaginen que deben orar hasta que sean salvos y luego ya dejarlo. Para aquellos cuyos pecados son perdonados, la oración es tan necesaria como para quienes se afligen debido a su pecado. Para perseverar en la gracia también deben perseverar en la oración. Aunque se vuelvan experimentados en la gracia y se vean enriquecidos por mucho conocimiento espiritual, no deben soñar con discontinuar la oración debido a sus dones y a sus gracias. Oren sin cesar, porque si no, su flor espiritual se marchitará y sus frutos espirituales nunca madurarán. Sigan orando hasta el último momento de sus vidas.

Igual que respiramos sin cesar, también debemos orar sin descanso. Igual que en esta vida no hay ningún logro, ya sea de salud, de fortaleza o de vigor muscular, que pueda eximir a un hombre de la necesidad de respirar, en la gracia no hay ninguna condición de crecimiento espiritual o de progreso que permita a un hombre renunciar a la oración.

LA PRIORIDAD DE LA ORACIÓN

Nunca dejen de orar, ni aunque Satanás les sugiera que es inútil que clamen a Dios. Si durante un tiempo los cielos son de bronce y su oración solo resuena como un trueno sobre sus cabezas, sigan orando. Si después de un mes y otro su oración parece haberse descarriado y no han obtenido respuesta, aun así sigan acercándose al Señor. No abandonen el propiciatorio bajo ningún concepto. Si han estado pidiendo algo bueno y están seguros de que es conforme a la voluntad de Dios, si la visión permanece, aguárdenla, oren, lloren, rueguen, luchen, vivan en agonía hasta obtener aquello que habían pedido.

Si su corazón está frío en la oración, no dejen de orar hasta que su corazón se caliente, oren hasta que su alma se encienda con la ayuda del bendito Espíritu que nos ayuda en nuestras debilidades. Si el hierro está caliente, golpéenlo, y si está frío, golpéenlo con el martillo hasta calentarlo.

Nunca dejen de orar, por ningún tipo de motivo o de argumento. Si los filósofos les dicen que todo suceso está fijo y que, por lo tanto, la oración no puede cambiar nada y por ende es inútil, sigan adelante con sus súplicas. Ningún problema digestivo complicado les privaría de comer, porque el resultado justifica la práctica, de modo que no dejen que cualquier objeción pequeña les induzca a dejar de orar, porque su éxito asegurado nos recomienda hacerlo. Saben lo que les ha dicho su Dios, de modo que resuelvan ser obedientes a la voluntad divina y oren sin cesar. Nunca, nunca, nunca renuncien al hábito de la oración ni a su confianza en el poder que tiene.

Nunca interrumpan la ofrenda regular de oración

El segundo significado es este: nunca interrumpan la ofrenda regular de oración. Si son cristianos vigilantes, tendrán sus tiempos devocionales, que están determinados no por la superstición sino por su conveniencia y por su comodidad para recordarlos. Asegúrense de continuar con esta oración cotidiana sin interrupciones. Este consejo no abarca la dimensión total del pasaje; no estoy sugiriendo eso. Solo lo menciono ahora como un complemento para otros pensamientos.

"Orad sin cesar", es decir, nunca abandonen la oración matutina, ni la vespertina, ni la que hacen al mediodía si han adquirido este hábito. Si cambian las horas o los momentos, como puede pasar, mantengan la práctica de dedicarse regularmente al retiro, la meditación y la oración. Si mantienen su devocional diario, pueden decir que continúan con la oración.

Conozco a un hombre que ha estado mendigando desde que llegué a Londres. Creo que nunca he pasado por el lugar donde se coloca sin verlo allí. Por lo que alcanzo a recordar, ha estado pidiendo sin cesar. Por supuesto, no ha mendigado mientras dormía, y no ha pedido cuando se ha ido a su casa a comer y, cuando he dicho que llevaba años mendigando, nadie habrá entendido que he afirmado algo tan absurdo. De modo que, si siguen rogando con perseverancia ante el trono de la gracia durante aquellos momentos en que es pertinente que se alejen de sus labores cotidianas, se podrá decir, sin equivocarse mucho, que están orando sin cesar.

Aunque no tengo ninguna hora preferente, me resulta provechoso reunirme con Dios siempre en periodos establecidos, porque esto se parece a dar cuerda al reloj. El reloj debe estar funcionando todo el día, pero hay un momento para darle cuerda, y ese pequeño espacio que apartamos y que protegemos de todo, cuando tenemos comunión con nuestro Dios, parece darnos cuerda para todo el resto del día. Por lo tanto, si quieren orar sin cesar, continúen con la ofrenda matutina y el sacrificio vespertino, y hagan que para ustedes sea una ordenanza perpetua, de modo que nada pueda interrumpir sus ratos de oración.

Esfuércense por orar con interjecciones

Lo anterior solo es una ayuda, porque debo añadir que, entre los momentos destinados a la devoción, deben esforzarse por participar de muchas oraciones breves. Mientras sus manos estén ocupadas con el mundo, dejen que sus corazones hablen con Dios, no con veinte frases seguidas, sino con frases rotas y con interjecciones. Siempre es un error presentar a Dios una labor manchada con la sangre de otra, y eso es lo que haríamos si estropeáramos el estudio o la labor a que nos dedicamos al salir corriendo a todas horas para orar. Pero sí que podemos, sin llegar a ese extremo, pronunciar frases breves que suban al cielo, y podemos lanzar a lo alto un clamor y palabras sueltas, como "Ah" y "Oh" u "¡Ojalá!", o podemos orar sin palabras, con tan solo alzar los ojos al cielo o permitir un suspiro del corazón.

Quien ora sin cesar usa muchos dardos y granadas de mano, que son los deseos santos que lanza en cualquier momento que pueda. A veces usa el fuelle en el horno de sus deseos para calentarlo al máximo en sus oraciones regulares y, en otras ocasiones, las chispas seguirán levantándose hacia el cielo bajo la forma de breves palabras, miradas y deseos.

Conserven siempre el espíritu de oración

En cuarto lugar, debemos estar siempre en un espíritu de oración. Nuestro corazón, renovado por el Espíritu Santo, debe ser como la aguja imantada, que siempre siente una inclinación hacia el norte. Sin embargo, no siempre apunta al polo; si ustedes quieren, pueden hacerla girar, pero si colocan el dedo sobre la aguja y la obligan a girar hacia el este, con solo que dejen de presionarla volverá inmediatamente a apuntar a su amado polo. Así, permitan que su corazón esté imantado por la oración, de modo que si el dedo del deber lo aparta del acto inmediato de la oración, en su alma permanezca el deseo ardiente de orar y, en el mismo momento en que puedan hacerlo, su corazón retorne a su amada tarea. Igual que el perfume permanece en las flores aun cuando estas no lo esparcen en el viento, que la oración permanezca en sus corazones.

> Igual que el perfume permanece en las flores aun cuando estas no lo esparcen en el viento, que la oración permanezca en sus corazones.

Hagan que sus actos concuerden con sus oraciones

Quizá el último significado capte la mayor parte de la verdad en este pasaje: que sus actos sean coherentes con sus oraciones y sean una continuación de ellas. Si tengo que orar sin cesar, esto no puede significar que debo estar siempre sumido en el acto de la devoción directa, porque la mente humana necesita dedicarse a muchas ocupaciones y hacer siempre una sola función provocaría locura o imbecilidad. Por lo tanto, debemos cambiar el modo o la manera de actuar si deseamos continuar en todo momento con la oración. Debemos seguir orando, pero hacerlo de otra manera.

Por ejemplo, esta mañana he pedido a Dios que despertara a su pueblo a la actitud de orar. Muy bien. Mientras entraba en este edificio, mi alma seguía suplicando: "Señor, despierta a tus hijos para que oren". Ahora, mientras les estoy predicando y enfatizando el mismo punto, ¿no estoy orando? ¿Acaso mi sermón no es la continuación de mi oración, porque deseo lo mismo y apunto a ello? Cuando usamos los mejores medios de que disponemos para obtener aquello por lo que oramos, ¿no es eso una continuación de la oración? ¿Entienden lo que quiero decir? Aquel que ora por su prójimo y luego busca su bien sigue orando. En este sentido, ese antiguo verso contiene una verdad.

Amar es orar. Si busco en oración el bienestar de mi prójimo y luego salgo e intento aumentarlo, con mis actos estaré orando de forma práctica para beneficio de los demás. Si busco, como debería hacerlo, la gloria de Dios por encima de todo lo demás, si pretendo que todos mis actos tiendan a la gloria divina, sigo orando, aunque quizá no lo haga con mis pensamientos ni con mis labios. ¡Oh, si toda nuestra vida fuera oración! Puede serlo. Es posible una oración sin cesar delante del Señor, aunque se produzcan numerosas pausas en lo que la mayoría de hombres definiría como oración.

Que toda su vida sea una oración. Si cambian el método pero no el objetivo, seguirán alabando, seguirán adorando. Creo que este es el sentido de nuestro texto: nunca abandonen del todo la oración; no suspendan la ofrenda regular de la oración; pronuncien interjecciones sinceras, manténganse siempre en el espíritu de la oración, y dejen que su vida entera sea coherente con su oración y que esta se convierta en parte de ella.

¿CÓMO PODEMOS OBEDECER ESTAS PALABRAS?

Primero, hagamos todo lo posible para evitar las intervenciones pecaminosas. Entonces, si es imposible dedicarse siempre al acto de orar, al menos cuando oremos estemos presentes en lo que hagamos. Esforcémonos por mantenernos lejos, en todo lo posible, de todo aquello que haya en nosotros, o a nuestro alrededor, que nos impida abundar en la súplica. Apartémonos también de las interrupciones que suponen los pecados ajenos. ¿Otros nos prohíben orar? No tengamos miedo de su ira. En privado, oremos siempre y, si el deber nos llama a hacerlo donde otros nos observen, temamos hasta tal punto la mirada de Dios que no nos atrevamos a temer la mirada de los hombres.

Después, evitemos todas las interrupciones innecesarias de nuestra oración, sean cuales fueren. Si sabemos que cualquier asunto que podamos evitar perturba el espíritu de la oración en nuestra vida, evitémoslo con todo afán. Intentemos, en todo lo posible, no perder el rastro de la oración. El objetivo de Satanás será distraer la mente, sacarla de los raíles, confundir su puntería, pero comprometámonos delante de Dios a no dejar nunca en seguirle con todas nuestras fuerzas.

A veces permitimos que cosas buenas interrumpan nuestra oración, y así las convertimos en cosas malas. En una de sus cartas, la señora Rowe observa que si los doce apóstoles estuvieran predicando en el pueblo donde ella vivía y ella no tuviera otra oportunidad para escucharlos, si fuera durante su tiempo de devoción privada no saldría de su cuarto para poder escuchar sus palabras. Pienso que quizá podría haber elegido otra hora para sus devociones privadas y así disfrutar de ambos privilegios; pero, al mismo tiempo, estoy de acuerdo con ella en no perder su tiempo de oración para obtener a cambio solo la predicación.

> A veces permitimos que cosas buenas interrumpan nuestra oración, y así las convertimos en cosas malas.

Habría sido como cambiar oro por plata. Sacaría más provecho de orar del que obtendría al escuchar, porque la oración es la meta de la predicación. La predicación es como el tallo del trigo, pero la oración es el propio grano dorado y quien lo consigue tiene lo mejor.

En ocasiones pensamos que estamos demasiado ocupados para orar. Este es también un grave error, porque la oración ahorra tiempo. Recuerden el comentario de Lutero: "Hoy tengo tantas cosas que hacer que no creo que consiga hacerlas a menos que dedique tres horas a la oración". No estaba acostumbrado a dedicar tanto tiempo a la oración los días de la semana, pero dado que aquel día la jornada sería difícil, necesitaba tener más comunión con su Dios.

No obstante, quizás nuestras ocupaciones empiezan temprano y, por lo tanto, decimos: "¿Cómo puedo estar a solas con Dios en oración?". Si no tenemos tiempo debemos buscarlo, porque si Dios nos ha concedido tiempo para tareas secundarias, también nos habrá dado tiempo para las primarias, y acercarnos a Él es una tarea primaria y no debemos permitir que nada la aparte a un lado. No existe verdadera necesidad de sacrificar ningún deber; si no estamos ociosos tenemos tiempo para hacer todo y, ciertamente, en lugar de entrar en conflicto ambos deberes se ayudarán mutuamente. Dios puede multiplicar nuestra capacidad de usar el tiempo. Si damos al Señor lo que le debemos, tendremos suficiente para todos los propósitos necesarios. En este terreno, busquen primero el reino de Dios y su justicia, y todas estas cosas les serán añadidas. Si se acuerdan de su cita con Dios, todos sus otros compromisos irán sin problemas.

Queridos amigos, para orar sin cesar tenemos que luchar contra la indolencia en la oración. Creo que ningún hombre ama la oración hasta que el Espíritu Santo le ha enseñado la dulzura y el valor de la oración. Si alguna vez han orado sin cesar, seguirán haciéndolo. Los hombres que no aman la oración deben desconocer su deleite secreto. Cuando la oración es un acto mecánico y no ponemos en ella nuestra alma, es una esclavitud y provoca cansancio. Pero cuando realmente se trata de una oración viva, y cuando la persona ora porque es cristiana y no puede evitar hacerlo, cuando ora yendo por la calle, en su trabajo, en su casa, en el campo, cuando toda su alma está llena de oración, nunca le parece suficiente. Quien encuentre a Jesús en su oración no será remiso a orar, pero quien no conozca al Bien Amado la considerará una tarea tediosa.

Sobre todas las cosas, evitemos el letargo y la indiferencia en la oración. ¡Oh, es algo terrible insultar la majestad en los cielos con unas palabras de las que nuestro corazón está ausente! Espíritu mío, debo educarte en esto: que tengas comunión con Dios, y si en tu oración no hablas con Él, sigue orando hasta que lo hagas. No te alejes del propiciatorio hasta que hayas orado.

Amados hermanos, deben decir lo siguiente a su alma: "He acudido aquí, ante el trono de la gracia, para adorar a Dios y buscar su bendición, y no pienso marcharme hasta que lo haya hecho. No me pondré de nuevo en pie porque haya dedicado los minutos habituales, sino que oraré hasta que encuentre la bendición". A menudo, cuando les vea así de resueltos en su oración, Satanás dejará de tentarles. Hermanos, necesitamos despertar. La rutina nos asedia. Acabamos como el caballo de tiro en el molino, dando vueltas y más vueltas. Que Dios nos libre de esto; es letal. Un hombre puede pasarse veinte años orando regularmente, en función del tiempo y de la forma, y no haber orado un solo grano en todo ese periodo. Un gemido auténtico nacido del corazón vale lo que mil letanías, el aliento vivo de un alma llena de gracia vale mil ofrendas. Para que sigamos despiertos por la gracia de Dios, oremos sin cesar.

Y de nuevo hemos de tener la precaución, cuando nos dediquemos a este deber, de luchar contra todo lo que nos haga desesperar de no ser oídos. Si no hemos sido escuchados seis veces, debemos

LA PRIORIDAD DE LA ORACIÓN

reaccionar como Elías y volver una séptima. Si nuestro Pedro está en la cárcel y la iglesia ha rogado que Dios le dé libertad, y sigue encadenado en lo más hondo de la celda, sigamos orando, porque uno de estos días Pedro llamará a la puerta. Sean inoportunos; la puerta del cielo no se abre por darle dos o tres golpecitos. Llamen y llamen y llamen de nuevo, y a ese llamado y a esa petición añadan el deseo de buscar, y no se satisfagan hasta haber obtenido una respuesta auténtica.

Nunca dejen de orar por presunción; guárdense de esto. Sientan oh cristianos, su necesidad constante de orar. No digan: "Soy rico y se han incrementado mis bienes, y no tengo necesidad de nada". Por naturaleza, siguen estando desnudos, siendo pobres y miserables; por lo tanto, perseveren en la oración y compren del Señor oro fino y prendas limpias, para que sean ricos y estén vestidos como deben.

¿POR QUÉ OBEDECER ESTAS PALABRAS?

Por supuesto, debemos obedecerlas porque nacen de la autoridad divina, pero, además, debemos prestarles oído porque el Señor siempre merece que lo adoremos, y la oración es un método para adorar. Por consiguiente, sigan rindiendo ante su Creador, su Preservador, su Redentor, su Padre, el homenaje de sus oraciones. Con semejante Rey, no seamos parcos en el homenaje. Debemos entregarle en todo momento las rentas de la alabanza, y siempre magnificar y bendecir su nombre. Sus enemigos lo maldicen, pero nosotros debemos bendecirlo sin cesar.

Además, hermanos, el espíritu del amor dentro de nosotros nos incita sin duda a acercarnos a Dios en todo momento. Cristo es nuestro esposo. Si la esposa no desea la compañía de su amado, ¿es fiel a sus votos matrimoniales? Dios es nuestro Padre. ¿Qué clase de hijo no desea subirse a las rodillas de su padre y recibir una sonrisa de su rostro? Si tú y yo podemos vivir día tras día y semana tras semana sin tener comunión con Dios, ¿cómo habita su amor en nosotros? Oren sin cesar, porque el Señor nunca deja de amarlos, nunca deja de bendecirlos y nunca deja de considerarlos sus hijos.

Oren sin cesar porque anhelan una bendición sobre todo el trabajo que hacen. ¿Es un trabajo cotidiano? "Si Jehová no edificare la casa, en vano trabajan los que la edifican" (Sal. 127:1). ¿Es un negocio? "Por demás es que os levantéis de madrugada, y vayáis tarde a reposar, y que comáis pan de dolores" (Sal. 127:2), porque sin Dios no pueden prosperar. Se les enseña a decir: "El pan nuestro de cada día, dánoslo hoy", una oración inspirada que pide cosas seculares. ¡Oh, consagren en oración sus asuntos seculares! Y si participan en el servicio a Dios, ¿qué trabajo pueden hacer con éxito si no cuentan con su bendición? La enseñanza de los jóvenes, la predicación del evangelio, la distribución de folletos, la instrucción de los ignorantes, ¿no requieren su bendición? Y si se les niega ese favor, ¿qué son? Por lo tanto, oren mientras trabajan.

Siempre están expuestos al peligro de ser tentados; no hay una sola faceta de la vida en la que el enemigo no pueda atacarles. Por lo tanto, oren sin cesar. Un hombre que transita por un camino oscuro donde sabe que hay enemigos, si está solo y lleva consigo una espada, la lleva desenvainada en la mano, para que los ladrones sepan que está preparado para recibirlos. Así que, cristianos, oren sin cesar; lleven su espada en la mano; muevan de un lado a otro esa poderosa arma de toda oración de la que nos habla Bunyan. No la enfunden nunca; atravesará hasta las cotas de malla. Si logran orar, no deben temer a ningún enemigo. Igual que son tentados sin cesar, deben orar sin cesar.

Necesitan orar siempre, porque siempre quieren recibir algo. No

LA PRIORIDAD DE LA ORACIÓN

hay ningún momento en que sean tan ricos que no necesiten nada de su Dios. No es posible que digan: "Lo tengo todo" o, si lo es, solo lo tienen en Cristo y ha venido de Él, de modo que tienen que seguir pidiéndoselo. Como están necesitados en todo momento, rueguen siempre a las puertas de la misericordia. Además, las bendiciones están siempre aguardándoles. Los ángeles están preparados con favores que ustedes desconocen, y solo tienen que pedirlos para recibirlos. ¡Oh, si vieran lo que pueden recibir solo con pedirlo no serían tan remisos! Dadas las bendiciones incalculables del cielo que están todavía en un lado, ¡oh, si percibieran que solo esperan que ustedes oren, no dudarían ni un instante! El hombre que sabe que su labor agrícola es productiva y que sus tierras producen con abundancia, se alegrará de sembrar una porción de terreno más amplia al año siguiente; y quien sabe que Dios responde a las oraciones y que siempre está listo para hacerlo abrirá su boca todavía más, para que Dios pueda llenarla.

> Los ángeles están preparados con favores que ustedes desconocen, y solo tienen que pedirlos para recibirlos.

Sigan orando, hermanos, porque incluso si no desean oración por ustedes, hay otros que sí la desean: los moribundos, los enfermos, los pobres, los ignorantes, los que pierden la fe, los blasfemos, los paganos en nuestro país y los que viven en otros. Oren sin cesar, porque el enemigo trabaja en todo momento, y el reino todavía no ha venido a Sion. Nunca podrán decir: "Dejé de orar porque ya no tenía nada por lo que hacerlo". A este lado del cielo, los temas de oración son tan numerosos como las estrellas del cielo.

Supongamos, amados hermanos, que no hubiera conversiones en medio de nosotros; ¿no orarían? Y dado que hay muchas conversiones, ¿eso constituye un motivo para dejar de orar? ¿Adoraremos a Dios menos porque Él nos da más? En lugar de alzar una oración donde no hay conversiones, debería haber diez ahora que Dios sigue obrando la salvación entre nosotros.

Supongamos que estuviéramos divididos y tuviéramos muchos cismas y celos y disputas; ¿no orarían los fieles con amargura de espíritu? Por tanto, ¿no orarán ustedes ya que no hay divisiones y sí mucho amor cristiano? Ciertamente, vuelvo a decir, no tratarán peor a Dios porque Él los trate mejor. Eso sí que sería actuar como necios.

Supongamos que hoy estuviéramos rodeados de ejércitos de adversarios, y que en nuestro seno se infiltrasen errores de todo tipo y nos hicieran daño, ¿no orarían ustedes, que aman al Señor? Y ahora que vivimos días de paz (y no permitimos que el error, que nos rodea por doquier, entre en nuestro redil), ¿no tendrán incluso más comunión con el Señor? Lo diré una vez más: ¿oraremos menos porque Dios nos da más? ¡Oh, no! Cuanto mejor sea con nosotros, más debemos adorarlo y glorificar su nombre.

8

La acción de gracias y la oración

RESUMEN:
Primero, Spurgeon subraya las misericordias más sublimes y sugiere una acción de gracias especial e insuperable. Oramos con motivaciones internas para mostrar gratitud. La segunda idea que expone Spurgeon es que los caminos a la abundancia deben ser también caminos de deber. Señala que los miembros del pueblo de Dios que descansan en su bondad y en su gracia son felices. Si somos débiles, hallamos fuerzas al volvernos a Dios.

CITAS DESTACADAS:
"Felices, felices son los pueblos que adoran a un Dios así, cuya venida supone siempre el advenimiento de su bondad y de su gracia para con sus criaturas".

"Sin duda, el acceso cercano a Dios mediante la oración combativa hará que el creyente sea fuerte, si no feliz".

Sermón predicado por Charles H. Spurgeon el 27 de septiembre de 1863. *Metropolitan Tabernacle Pulpit*, vol. 9.

8

La acción de gracias y la oración

*Tú coronas el año con tus bienes, y
tus nubes destilan grosura.*

SALMOS 65:11

ES POSIBLE QUE, si el gobierno hubiera propuesto u ordenado un día de acción de gracias por la cosecha abundante, se habrían planteado objeciones. Hay algunos hermanos que tienen una conciencia tan delicada al tocar el tema de la relación entre Iglesia y Estado que si el gobierno les hubiera recomendado que celebraran un día público de acción de gracias, casi les habría parecido un motivo para no estar agradecidos. Aunque no me gusta la relación no bíblica entre Iglesia y Estado, en esta ocasión habría apoyado una petición oficial para reconocer al nivel nacional la bondad especial de Dios.

Sin embargo, ninguno de nosotros puede sentir ningún reparo en su mente si acordamos alabar hoy a nuestro Dios generoso y, como asamblea, manifestamos nuestra gratitud al Dios de la cosecha. Es probable que seamos la asamblea de cristianos más numerosa del mundo, y es pertinente que seamos de ejemplo a congregaciones más pequeñas. Sin duda, muchos otros creyentes seguirán nuestros pasos, de modo que una acción de gracias pública se generalizará por todo el país. Espero ver cómo todas las congregaciones de esta nación levantan una ofrenda especial para el Señor, dedicada ya sea a su Iglesia, a los pobres, a las misiones o a algún otro fin espiritual. Sí, me gustaría que todo cristiano hiciera una ofrenda voluntaria al Señor como muestra de su gratitud al Dios de la providencia.

Sin ningún prefacio, vamos a dividir nuestro pasaje tal como se divide a sí mismo. Aquí tenemos las misericordias más sublimes que exigen una gratitud insuperable. Y, en el mismo versículo, caminos de abundancia que deberían ser para nosotros caminos de deleite.

Cuando hayamos hablado sobre estos dos puntos, podemos meditar unos instantes sobre el tema general y esforzarnos, con la ayuda de Dios, en descubrir qué deberes nos sugiere.

LAS MISERICORDIAS SUBLIMES EXIGEN UNA ACCIÓN DE GRACIAS ESPECIAL Y SUBLIME

Durante todo el año, cada hora de cada día, Dios nos bendice generosamente. Tanto cuando dormimos como cuando estamos despiertos, su misericordia nos rodea. Es posible que el sol deje de brillar, pero nuestro Dios nunca dejará de animar a sus hijos por medio de su amor. Como un río, su cariño y su ternura fluyen siempre con una plenitud tan inagotable como su propia naturaleza, que es su fuente. Como la atmósfera que rodea siempre la tierra y está siempre en condiciones de respaldar la vida humana, la benevolencia de Dios rodea a todas sus criaturas. En ella, como en su elemento, viven, se mueven y existen.

Sin embargo, igual que el sol en los días de verano parece ale-

LA ACCIÓN DE GRACIAS Y LA ORACIÓN

grarnos con rayos más cálidos y brillantes que en otros meses, y al igual que los ríos crecen en algunas estaciones con las lluvias, y al igual que la propia atmósfera a veces está llena de influencias más frescas, más estimulantes o más suaves que antes, lo mismo sucede con la misericordia de Dios. Tiene sus horas doradas, sus días de sobreabundancia cuando el Señor magnifica su gracia y pone en alto su amor ante los hijos de los hombres.

Si partimos de las bendiciones de la primavera, que son inferiores, no debemos olvidar que, para la raza humana, los días gozosos de la cosecha son una temporada especial de favor excesivo. Es la gloria del otoño la que concede con gran abundancia los dones maduros de la providencia; es la época sosegada de la consecución, donde antes todo fueron esperanzas y expectativas. ¡Grande es el gozo de la cosecha! ¡Felices los cosechadores que llenan sus brazos con la liberalidad del cielo! El salmista nos dice que la cosecha es el punto culminante del año.

¿Y si comparo el comienzo de la primavera con la proclamación de un nuevo príncipe, el hijo más reciente del Padre Tiempo? Los cantos musicales de las aves y el balido alegre de los rebaños introducen una nueva era de fertilidad. Toda pradera verde y todo arroyuelo cantor escuchan la gozosa proclamación y sienten en su interior una vida nueva. Las colinas se regocijan por doquier; claman de gozo y cantan.

Durante los cálidos meses del verano, el año, como un rey, se viste de hermosura y se adorna con un suntuoso vestuario. Al ver las tablillas de marfil que ofrecen los lirios, los rubíes de las rosas, las esmeraldas de los prados, y los bellos colores de las numerosas

> Es posible que el sol deje de brillar, pero nuestro Dios nunca dejará de animar a sus hijos por medio de su amor.

flores, bien podemos decir que "ni aun Salomón con toda su gloria se vistió así como uno de ellos" (Mt. 6:29). Ni los adornos de plata ni las hileras de gemas pueden compararse con los ornamentos del año. Ninguna prenda, fruto de la costura y multicolor, puede equipararse al glorioso vestido del Hijo reinante del tiempo.

Sin embargo, el momento de la coronación, cuando la tierra siente más la influencia del año, es en la plenitud del otoño. Entonces, cuando los campos están cubiertos de un paño de oro y los frutos relucen con los profundos tonos de la madurez, y las hojas adquieren una pátina de bronce con una perfección inimitable de tinte y sombra, y con un remate de bondad divina, entre los cantos alegres de los zagales que trabajan duro y las canciones de las doncellas jubilosas, se corona el año. En un trono de trigo dorado, con la hoz apacible a modo de cetro, se sienta el año coronado, llevando sobre su frente apacible, como una diadema, la bondad del Señor.

O podríamos comparar el año a un conquistador, que combate primero con el adusto invierno, librando ardua batalla frente a todos sus embravecidos ataques y que, al fin, alcanza la gozosa victoria en los hermosos días de la primavera; cabalgando triunfante por el verano, cruzando veredas sembradas de flores y ascendiendo por fin al trono, entre las fiestas de la cosecha, mientras el Señor amoroso pone sobre su cabeza una diadema de belleza y de bondad.

Dado que vivimos alejados de las labores rurales, puede que olvidemos la cosecha, pero quienes deben vigilar el trigo mientras brota y protegerlo en medio de innumerables peligros hasta que la hoja de convierte en el grano completo en la espiga, no pueden olvidar la maravillosa bondad y la misericordia de Dios cuando ven su cosecha ya almacenada y a salvo.

Hermanos, si exigimos determinadas consideraciones que nos motiven a la gratitud, pensemos por un momento en el efecto que

LA ACCIÓN DE GRACIAS Y LA ORACIÓN

tendría sobre nuestro país una cosecha malograda. Supongamos hoy que se informara de que el maíz no había madurado todavía, que las lluvias constantes lo habían hecho germinar y crecer hasta que ya no quedaran esperanzas de que pudiera servir para algo, y que era mejor dejarlo en los campos. ¡Qué inquietud produciría ese mensaje en todas las granjas! ¿Quién de nosotros contemplaría el futuro sin preocuparse? Todos los rostros se ensombrecerían. Todas las clases sociales se lamentarían y, al recibir la noticia, incluso el propio trono tendría motivos para cubrirse de cilicio.

Hermanos, ¿no debemos regocijarnos porque esto no nos pasa y porque nuestro querido país se regocija en la abundancia? Si la planta se hubiera estropeado y la raíz se hubiera podrido bajo los terrones de la tierra, nos habríamos dado prisa en quejarnos; ¿cómo es que somos tan lentos para la alabanza? Reduzcamos un poco el desastre; imaginemos una escasez parcial. En ese punto, cuando un brazo de nuestra industria se paralizara, ¡cuán grave habría sido esta calamidad! Viéndonos privados de un artículo de primera necesidad, enfrentados al peligro diario de una guerra a nuestras puertas, habría sido una prueba espantosa padecer la escasez de pan.

¿No debemos bendecir y alabar a nuestro Dios del pacto, que no permite que las semanas previstas para la cosecha pierdan su fruto? Cantemos juntos, todos aquellos para quienes el pan es el alimento que sustenta la vida, y regocijémonos delante de Aquel que nos ha colmado de beneficios. Ninguno de nosotros tiene una idea precisa del grado de felicidad que obtiene una nación de una cosecha abundante. Gracias a ella, cada habitante del país es más rico que antes. Para los pobres, esta diferencia tiene una importancia máxima. Ahora sus tres chelines son cuatro; hay más pan para los hijos o más dinero para comprar ropa. Cuando Dios abre su mano generosa, hay millones que se benefician.

LA PRIORIDAD DE LA ORACIÓN

Cuando los hebreos viajaron por el desierto, solo había dos o tres millones de ellos, pero aun así cantaron dulcemente de Aquel que alimentaba a su pueblo escogido. Solo en nuestro país ya contamos con diez veces ese número de habitantes; ¿no tendremos música sacra que dedicar al Dios de toda la tierra? Pensemos en la increíble población de nuestra enorme ciudad, meditemos sobre el inmenso grado de pobreza, ¡y entendamos cómo, de un plumazo, esa pobreza se ha visto aliviada! Una contribución generosa sería solo como una gota en un cubo si la comparamos con el consuelo que proporciona una reducción del precio del pan.

No despreciemos la generosidad de Dios porque la recibamos de forma natural. Si cada mañana al despertar viéramos en nuestra despensa hogazas de pan recién hechas, o el desayuno servido en la mesa, lo consideraríamos un milagro; pero si Dios bendice nuestros esfuerzos y prospera nuestras labores con ese mismo fin, ¿no ofrece esto la misma base para alabarlo y bendecir su nombre? Quisiera tener esta mañana la lengua de los elocuentes, o incluso mis fuerzas habituales, para despertar su gratitud mediante la contemplación de la multitud de seres a quien Dios ha hecho felices gracias al fruto de los campos.

Pero ¿cómo hemos de ofrecer esa acción de gracias sublime por esa misericordia también sublime recibida en el año? Podemos hacerlo, queridos amigos, mediante las emociones internas de la gratitud. Nuestros corazones deben enardecerse y nuestros espíritus recordar esta bondad del Señor, meditando y pensando en ella. La meditación sobre esta misericordia puede alimentar en ustedes los sentimientos más tiernos del afecto, y sus almas se vincularán con el Padre de los espíritus, quien se compadece de sus hijos.

Una vez más, alábenlo con sus labios; que sus lenguas se ocupen hoy en salmos e himnos, y mañana, cuando nos reunamos en el

LA ACCIÓN DE GRACIAS Y LA ORACIÓN

culto de oración, podemos convertirlo más bien en un culto de alabanza y magnificar el nombre de Aquel de cuya generosidad mana toda esta bondad.

No obstante, creo que también debemos darle gracias por nuestros dones. Los judíos de la antigüedad nunca probaban el fruto de la cebada o de la cosecha del trigo sin haberlo santificado para el Señor mediante la fiesta de las Primicias. A principios de la temporada tenían la cosecha de la cebada. Se tomaba un tallo de esta cebada y se mecía delante del Señor acompañado de sacrificios especiales, y después de eso el pueblo hacía la fiesta. Cincuenta días después llegaba la cosecha del trigo, en la cual se ofrecían al Señor dos hogazas de pan hechas con la harina nueva, a modo de sacrificio, junto con holocaustos, ofrendas de paz, ofrendas de carne y de bebida y abundantes sacrificios de acción de gracias, para señalar que la gratitud del pueblo no era escasa.

Ninguna persona comía de las espigas, el grano o el maíz molidos y convertidos en pan hasta que había santificado su sustancia mediante la dedicación de una parte al Señor. ¿Haremos nosotros menos que los judíos? ¿Es que ellos, mediante tipos y sombras, expresaron su gratitud de forma tangible, y nosotros no lo haremos? ¿Ofrecieron ellos al Señor, a quien apenas conocían, y se inclinaron ante el Dios altísimo que ocultaba su rostro entre el humo de los carneros y los bueyes entregados al fuego? ¿Y acaso nosotros, que vemos la gloria del Señor en el rostro de Cristo Jesús, no acudiremos delante de Él para entregarle nuestras ofrendas? La ordenanza del Antiguo Testamento fue "ninguno se presentará delante de Jehová con las manos vacías" (Dt. 16:16); que esa sea la ordenanza también hoy. Acudamos a su presencia, llevando cada uno su ofrenda de acción de gracias al Señor.

Además de esto, amados, hemos oído hablar de las cosechas

LA PRIORIDAD DE LA ORACIÓN

celestiales, el rebosamiento de las fuentes de los cielos, que en los días de antaño despertaron a la Iglesia de Dios para que le ofreciera las más intensas alabanzas. Se produjo la cosecha de Pentecostés. Cristo, habiendo sido sembrado en tierra como un grano de trigo, surgió de ella, y en su resurrección y su ascensión fue como aquella planta de cebada mecida delante del Señor. No olvidemos nunca aquella resurrección que coronó con bondad el año de los redimidos de Dios. Fue ciertamente un año terrible; empezó con las rugientes tormentas de la pobreza y la carestía de Cristo, su vergüenza, su sufrimiento y su muerte. No pareció tener primavera ni verano, pero fue coronado con una cosecha abundante cuando Jesucristo resucitó de los muertos.

Cincuenta días después de la resurrección llegó Pentecostés. Había pasado la cosecha de la cebada, donde se ofrendaba la planta, y luego llegaban los días de la cosecha del trigo. Pedro y los once se convirtieron en los segadores, y tres mil almas cayeron bajo la hoz del evangelio. Aquel día hubo un gran gozo en la ciudad de Jerusalén; es más, todos los santos que oyeron hablar de ello se alegraron, y el propio cielo, captando el entusiasmo divino, resonó con el júbilo de la cosecha. Se nos dice que los santos tomaban su pan con alegría y unidad de corazón, alabando a Dios. Pentecostés fue una misericordia sublime y los santos lo recordaron con una acción de gracias también sublime.

Oh amada grey a la que cuido y quiero, solicito su gratitud por esto, principalmente. Hermanos, ¡cómo ha alegrado y consolado el Señor nuestros corazones mientras ha coronado nuestros años con su bondad! Estos diez años he predicado el evangelio entre ustedes, conforme a las fuerzas que Él me ha dado. No hemos presenciado emociones exageradas ni rastro de un fanatismo injustificado, no se han provocado incendios y, sin embargo, fíjense con qué atención incesante ha escuchado la multitud el evangelio. La multitud que se agolpa a sus puertas demuestra que, como en los días de Juan el Bautista, ahora el reino de Dios padece violencia, y todos los hombres se esfuerzan por entrar.

En cuanto a las conversiones, ¿no le ha agradado al Señor dárnoslas con tanta asiduidad como sale el sol en su lugar? Casi no ha habido un sermón que no haya recibido la bendición del Altísimo, muchos de ellos predicados en debilidad, que ninguno de ustedes ha conocido excepto el orador; predicados en ocasiones con punzadas en el corazón y jadeos de angustia, que han hecho que el predicador se fuera a su casa lamentándose por haber predicado. Y, sin embargo, ha llegado el éxito y se han salvado almas, y el corazón del predicador ha tenido que cantar de júbilo, porque la semilla no se pudre, los surcos son buenos, el campo se ha preparado bien y, allá donde cae la semilla, produce a ciento por uno para alabanza y honor del Altísimo.

Hermanos, no debemos olvidar esto. Podríamos haber predicado para nada; podríamos haber arado sobre la roca ingrata y no recoger una sola espiga. Entonces, ¿por qué nos bendice Dios? ¿Es que somos dignos? ¡Ah, no! ¿Es por algo que tenga el predicador o sus oyentes? Dios no quiera que pensemos algo semejante. Ha sido la misericordia soberana de Dios la que ha prosperado entre nosotros su verdad, ¿y no lo alabaremos por esto y bendeciremos su Nombre?

Si nosotros, como iglesia, no seguimos perseverando en la oración y siendo tan sinceros como siempre hemos sido, el Señor podría volvernos, con toda justicia, como Silo, lugar que abandonó hasta que se convirtió en un desierto. No, me atrevo a decir que, a menos que progresemos en nuestro celo, si ustedes, mis oyentes, no se comprometen más que nunca con la causa del Señor, si no hay cada vez una dosis mayor de un sincero espíritu misionero que

LA PRIORIDAD DE LA ORACIÓN

nazca en nosotros y sea alimentado, podemos esperar que el Señor se aparte de nosotros y encuentre otro pueblo que responda más dignamente a sus favores. ¿Quién sabe? Quizás ustedes han llegado al reino para un momento como este. Es posible que el Señor quiera, por medio de algunos de ustedes, salvar a multitudes de almas, estimular a sus iglesias y despertar el espíritu somnoliento de la religión. ¿Demostrarán no estar a la altura? ¿Dirán: "Lo siento, pero tendrán que excusarme"? Al considerar la abundante cosecha de almas reunidas en este lugar, ¿no pensarán más bien que están en deuda con Dios y por lo tanto le darán la máxima consagración que puedan ofrecer unos creyentes, debido a las sublimes misericordias que recibimos como iglesia?

Amados, aguardamos con esperanza un momento en que el año de este mundo se verá coronado por la bondad de Dios en el sentido más elevado e ilimitado posible. Los siglos pasan volando, pero las tinieblas permanecen. El tiempo envejece, pero los ídolos siguen sentados en sus tronos. Cristo aún no reina; su reino sin dolor todavía no ha llegado; los cetros siguen en manos de los déspotas, y los esclavos siguen abatidos en sus cadenas de hierro. En vano, en vano, ¡oh, tierra! has esperado días mejores, porque la noche densa y pesada sigue abatiéndose sobre tus hijos.

Pero vendrá el día, y las señales de su llegada van aumentado cada vez más su brillo, vendrá el día en que se recogerá la cosecha del mundo. Cristo no ha muerto en vano; redimió el mundo con su sangre y todo el mundo será suyo. Del oriente al occidente, Cristo debe reinar. Al final, la simiente de la mujer perseguirá a los poderes de las tinieblas hasta su morada del mal. Aún atravesará a la malvada serpiente y matará al leviatán en lo profundo del mar. Sonará la trompeta y las multitudes representadas en Él cuando resucitó volverán de entre los muertos, desde la tierra y desde el mar. Y entonces, el día en que Él se manifieste, los reyes de la tierra cederán su soberanía y todas las naciones lo llamarán bendito.

Aguarden un poco más, amados, esperen un breve tiempo, y cuando escuchen el clamor "¡Aleluya, porque el Señor nuestro Dios Todopoderoso reina!" (Ap. 19:6), entonces sabrán que Él corona el año con su bondad.

LA SENDA DE LA ABUNDANCIA TAMBIÉN ES LA DEL DEBER

Cuando el conquistador recorre las naciones, sus sendas se manchan de sangre; a sus espaldas se yerguen el fuego y el humo, y le rodean lágrimas, gemidos y suspiros. Pero cuando es el Señor quien viaja, sus caminos "destilan grosura".

Cuando los reyes de la antigüedad recorrían sus dominios, provocaban una hambruna en todos los lugares donde se detenían, porque los codiciosos cortesanos que poblaban su campamento devoraban todas las cosas como las langostas, y eran tan voraces como los saltamontes y las orugas. Pero, por donde pasa el gran Rey de reyes, enriquece la tierra; sus caminos "destilan grosura". Según una osada metáfora hebrea (y sin duda la poesía hebrea parece la más sublime en sus conceptos), se representan las nubes como los carros de Dios: "El que pone las nubes por su carroza" (Sal. 104:3). Y del mismo modo que el Señor cabalga en los cielos en la grandeza

> Felices, felices son los pueblos que adoran a un Dios así, cuya venida supone siempre el advenimiento de su bondad y de su gracia para con sus criaturas.

de su fuerza y en las nubes en su excelencia, la lluvia se derrama sobre la tierra, de modo que las rodadas del carro del Señor se caracterizan por una abundancia que alegra la tierra. Felices, felices son los pueblos que adoran a un Dios así, cuya venida supone siempre el advenimiento de su bondad y de su gracia para con sus criaturas.

Vemos entonces, queridos amigos, que, por su providencia, donde va el Señor "las nubes destilan grosura". En ocasiones parece que Él aprieta a su pueblo y les hace pasar carestía, pero si no hay una abundancia de bienes externos, la habrá de misericordia interna. Incluso las pruebas que el Señor esparce como carbones encendidos en su camino solo queman las malas hierbas y calientan el corazón de la tierra. Confíen en el Señor y apelen a Él en todas sus pruebas y dificultades, y descubrirán que, cuando sale de su escondite para ayudarles, sus caminos destilan abundancia; su pobreza desaparecerá y disipará el abatimiento del espíritu.

Amados, creemos que nuestro pasaje tiene un significado pleno si lo enfocamos desde el ángulo espiritual: "sus nubes destilan grosura". En su uso de los medios, el pecador descubrirá que los caminos de Dios rebosan abundancia. ¿Están ustedes hambrientos y sedientos? ¿Desfallece su alma en su ser? ¿Anhelan verse satisfechos del favor divino? Entonces, pecadores, esperen en el Señor y escuchen con diligencia el mensaje de su evangelio; no dejen de escudriñar las Escrituras o de escuchar la verdad que se proclama a sus oídos.

La persona de Cristo

Recuerden especialmente, pecadores, que los caminos del Señor se aprecian en la persona de Cristo. Acudan a esas manos que son las vías de la justicia divina; acudan a esos pies que son las sendas del amor infinito; exploren ese costado donde habita el afecto profundo y allí encontrarán abundancia de misericordia. Ningún pecador que haya acudido a Dios se ha ido con las manos vacías. Les aseguro que pueden fijarse en los medios y aun así no hallar consuelo, porque los medios no son siempre las veredas de Dios. Pero no pueden acudir a Cristo, no pueden descansar en Él, y quedar decepcionados. Confíen en Él en todo tiempo y, por muy profunda que sea su pobreza, gozarán de una provisión que sobreabunde.

Ustedes también, los que forman su pueblo, sé que a veces sus almas se debilitan. Cansados del desierto, agotados por sus tribulaciones, heridos por sus zarzas, llegan a la casa de Dios, y si vienen a reunirse con su Maestro (y no solo participar de un culto rutinario), si acuden a buscarlo y lo anhelan como el ciervo anhela los arroyos de las aguas, descubrirán que incluso en los cultos más sencillos (por ineficaz que sea el ministro, y por humildes y simples que sean las personas, aunque la música tenga poco atractivo para el oído y aunque las palabras no tengan los adornos de la oratoria), dulce será para ustedes la adoración en la casa de Dios y descubrirán que "sus nubes destilan grosura".

> Ningún pecador que haya acudido a Dios se ha ido con las manos vacías.

Las ordenanzas

Esto es aplicable también a las preciosas ordenanzas: el bautismo y la Cena del Señor. Ustedes, que conocen la verdad y han sido liberados por ella, descubrirán que esas vías rebosan de abundancia. Creo que muchos de ustedes están delgados y demacrados porque no han obedecido el mandato del Señor en el bautismo. Saben lo que Él los pide que hagan, pero rehúsan hacerlo. Comprenden su

LA PRIORIDAD DE LA ORACIÓN

deber, y quizá digan que, en principio, son bautistas, olvidando que ese mismo principio los condenará a menos que lo cumplan. Si guardan ese mandamiento recibirán una gran recompensa. Esto es así particularmente en la Cena del Señor. No renunciaría a la Cena del Señor como medio de la gracia por nada de lo que pudiera imaginarse. Para los impíos debe ser siempre de condenación, pero para el santo de Dios, que acude a ella con el deseo de alimentarse de la carne de Cristo, se convierte sin duda en un banquete. Confío, queridos amigos, que dentro de muy poco tiempo celebraremos la Cena del Señor cada día de reposo. Estoy convencido de que una celebración a la semana es bíblica, y cada vez veo una mayor necesidad de hacerlo. Creo que es una ordenanza a la que no debemos imponer nuestros propios momentos y temporadas, dado que la Palabra de Dios es tan directa y tan clara. Esta era la costumbre apostólica. Ciertamente, si no hubiera un precedente apostólico, creo que la dulzura del servicio y la naturaleza deleitosa de la ordenanza sugerirían a los cristianos que es correcto celebrarla con frecuencia. No podemos satisfacernos teniendo comunión con Cristo un solo día al mes, y creo que tampoco deberíamos estar satisfechos con la escasa frecuencia en que se celebra el propio símbolo.

La oración

Amados, el Señor tiene otras vías además de los medios abiertos de la gracia, y también estos destilan grosura. Déjenme que mencione especialmente la vía de la oración. Ningún creyente que pasa mucho tiempo orando a solas dice jamás: "¡Qué flaqueza, qué flaqueza, ay de mí!". Por lo general, las almas famélicas viven a cierta distancia del propiciatorio. Sin duda, el acceso cercano a Dios mediante la oración combativa hará que el creyente sea fuerte, si no feliz. El lugar más cercano a la puerta del cielo es el trono

LA ACCIÓN DE GRACIAS Y LA ORACIÓN

celestial de la gracia. Si pasan mucho tiempo con Dios, tendrán una gran certeza; si pasan poco tiempo, su religión será muy superficial. Tendrán muchas dudas y temores, y poco del gozo del Señor. Sin duda, el acceso cercano a Dios mediante la oración combativa hará que el creyente sea fuerte, si no feliz.

Amados, comprometámonos a que, dado que el camino de la oración, que enriquece el alma, está abierto hasta para los santos más débiles, dado que no hacen falta grandes hazañas, dado que no se les pide que acudan porque sean santos en un nivel superior, sino que se les invita con que sean tan solo santos, procuremos dedicarnos a menudo al camino de la devoción privada. Pasen mucho tiempo de rodillas, porque así fue como Elías trajo la lluvia sobre los campos sedientos de Israel.

> Sin duda, el acceso cercano a Dios mediante la oración combativa hará que el creyente sea fuerte, si no feliz.

La comunión con Cristo

No cabe duda de que podría decir algo semejante sobre el camino secreto de la comunión. ¡Oh, las delicias de las que puede disfrutar la persona que tiene comunión con Cristo! En el mundo no hay palabras que puedan expresar la alegría santa del alma que se recuesta en el pecho de Jesús. Pocos cristianos la entienden; viven en las tierras bajas y pocas veces suben a la cumbre del monte Nebo. Viven fuera; no entran en el lugar santo; no se apropian del privilegio del sacerdocio. Contemplan el sacrificio desde lejos, pero no se sientan con el sacerdote para comer y disfrutar de la grosura del holocausto. Hermanos, hermanas, siéntense siempre bajo la sombra de Jesús; acudan a esa palmera y tomen de las ramas; que su amado sea para ustedes como el manzano entre los árboles del bosque, y encontrarán un fruto que nunca caerá, que siempre será dulce a su paladar.

La fe

No debo olvidar que también el camino de la fe rebosa de abundancia. Es un camino extraño: pocos lo recorren, ni siquiera los maestros; pero quienes en medio de tempestades y de momentos espirituales han aprendido a descansar solamente en Dios descubrirán que es un camino de grosura. Esperen solo en Dios; que sus expectativas estén en Él. Los leoncillos pueden tener falta de algo y padecer hambre, pero a ustedes no les faltará de nada, porque los caminos del Señor rebosarán de abundancia para todos.

EL ESPÍRITU SANTO

¡Oh, amados oyentes! Quiera Dios que el Señor descienda en medio de nuestras iglesias y de nuestras congregaciones por su Espíritu, y entonces su camino destilaría grosura. Tenemos una multitud de quejas, en distintos momentos, sobre la desidia y el letargo de las iglesias, pero lo que necesitamos es más de la presencia del Espíritu Santo, más del santo bautismo de sus influencias sagradas. Por mucha experiencia que tengamos en el culto sagrado, ustedes y yo no podemos servir a Dios eficazmente, ni ver poder alguno que descanse sobre nuestro ministerio, a menos que obtengamos más del Espíritu del Dios vivo.

Desearía que las iglesias sintieran en el corazón cada vez más la necesidad real de estos tiempos. Últimamente hemos estado edificando montones de capillas y recolectando miles de libras esterlinas, y dado que se han producido avivamientos creemos que estamos en buena forma. Yo me aventuro a decir que todas nuestras denominaciones están en mala condición. Y es que nuestros lugares de adoración no operan como debieran sobre las personas. En la mayoría de lugares son meros clubes, donde la buena gente pasa los domingos, pero la masa humana que hay fuera apenas se entera. Hemos perdido en gran medida el fuego antiguo, el entusiasmo divino, el furor de Pentecostés. Aquella llama sagrada de los primeros apóstoles, que es tan sumamente necesaria si queremos impactar a un mundo moribundo, está casi extinta.

Y, en este lugar, donde Dios nos ha favorecido con una porción tan grande de su presencia, estamos cayendo en una situación muy parecida. ¡Cuántos de ustedes que antes eran ardientes están ahora tan fríos como bloques de hielo! Algunos apenas hacen nada en absoluto por mi Señor y mi Maestro. Estoy seguro de que se han convertido, pero ¿dónde está su primer amor? ¿Dónde está aquel amor de sus esponsales, que hizo que algunos de ustedes hablaran de Jesús de día y soñaran con Él por la noche?

¡Ojalá hubiera un regreso a los caminos de Dios y un nuevo avivamiento en medio de las iglesias! Hace diez años podíamos decir honestamente que las iglesias estaban casi muertas, pero creo que ahora están peor, porque han abrigado la idea de que no están tan muertas como lo estaban. Estamos tan mal como siempre; vivos solo en nombre, pero estamos muertos. ¡Oh, si alguna voz de trompeta pudiera despertar una vez más a nuestras iglesias que duermen!

¿Pueden vivir si no se salvan almas? Tal vez ustedes sí, pero yo no. ¿Pueden vivir sin que Londres se ilumine con la luz de Dios? Si pueden vivir así, ruego a mi Maestro que me deje morir. ¿Pueden soportar el hecho de librar batallas sin obtener victorias? ¿Sembrar y no recoger cosechas? Hermanos, si van por el buen camino no pueden soportarlo, pero deben hacerlo hasta que regrese el Señor.

Por lo tanto, oremos con intensidad y fervor, con una violencia sacra que no acepte una negativa; oremos pidiendo al Señor que salga de su escondedero, porque "sus nubes destilan grosura" y en ningún otro lugar hallaremos la abundancia.

APLICACIONES PRÁCTICAS

Y ahora concluyo. Todo este tema parece darnos una o dos sugerencias sobre el tema del deber. "Coronas el año con tus bienes". Una sugerencia es esta: algunos de los presentes en este lugar son desconocidos para Dios. Han estado viviendo como sus enemigos y es probable que mueran siéndolo. Pero ¡qué bendición sería si parte de la corona de este año fuera su conversión! "Pasó la siega, terminó el verano, y nosotros no hemos sido salvos" (Jer. 8:20). Pero ¡oh, qué gozo, si este mismo día se volvieran a Dios y hallaran vida! Recuerden que el camino de la salvación fue proclamado gratuitamente el pasado domingo por la mañana; y sigue esta línea: "Esta es la obra de Dios, que creáis en el que él ha enviado" (Jn. 6:29). Si hoy ponen ustedes su confianza en Cristo, será su cumpleaños espiritual; será para ustedes como el principio de los días: emancipados de sus cadenas, liberados de la oscuridad del valle de sombra de muerte, serán del Señor, personas libres. ¿Qué dicen ustedes? ¡Oh, que el Espíritu de Dios les induzca hoy a volverse a Él con un propósito pleno del corazón!

Otra sugerencia. ¿Acaso el Señor no coronaría este año con sus bienes si indujera a algunos de ustedes a hacer más por Él de lo que han hecho jamás? ¿No piensan en alguna cosa nueva que han olvidado pero que tienen la capacidad de hacer? ¿No podrían hacerlo por Cristo hoy? Puede tratarse de algún alma nueva con quien no

LA ACCIÓN DE GRACIAS Y LA ORACIÓN

hayan conversado nunca, de algún medio nuevo para ser útiles que no hayan probado antes.

Y, por último, ¿no nos sería de beneficio que el Señor coronara este año con sus bienes al inducirnos a empezar a orar más a partir de hoy mismo? Que nuestras reuniones de oración se llenen más y que todos los que están en el cuartito oren más por el predicador, oren más por la iglesia. Que nosotros, todos nosotros, entreguemos de nuevo nuestros corazones a Cristo. ¿Qué dicen hoy de renovar sus votos de consagración? Digamos: "Aquí estoy, Señor. Me entrego a ti una vez más; acéptame de nuevo. Partiendo de esta hora propicia, empezaré una nueva vida una segunda vez si tu Espíritu está conmigo. Ayúdame, Señor, en el nombre de Jesús. Amén".

Agradecimientos

COMO SUCEDE con todo proyecto literario, este libro no habría llegado a su conclusión sin el sacrificio y el apoyo de muchos. Estoy profundamente en deuda con todos ellos.

En el ámbito personal, mi vida y mi ministerio cuentan con el respaldo y el enriquecimiento de las oraciones y el estímulo de mi familia. Dios me ha dado una esposa, Karen, y unos hijos, Anne-Marie, Caroline, William, Alden y Elizabeth, que me bendicen más de lo imaginable. Los amo a cada uno de ustedes, incondicionalmente y sin medida.

En el ámbito institucional, mis colegas y el personal de oficina constituyen también una fuente de apoyo y de estímulo de un valor incalculable. Muy especialmente, doy gracias por Tyler Sykora, Dawn Philbrick, Lauren Hanssen, Wesley Rule y Justin Love. También estoy agradecido por Russ Meek, quien me ofreció una ayuda editorial excelente. Es un auténtico placer servir con cada uno de estos hombres y mujeres, y todos desempeñan sus tareas cotidianas con gentileza y competencia. Gracias.

Estoy agradecido al equipo de Moody Publishers, sobre todo a Drew Dyck y a Kevin Mungons. Gracias por creer en este proyecto y por colaborar conmigo en llevarlo a cabo.

Por último, y por encima de todo, estoy en deuda con mi Señor y Salvador, Jesucristo. Como sucede con cualquier otra empresa

LA PRIORIDAD DE LA ORACIÓN

ministerial, nada de esto habría sido posible sin su gracia, su llamado y su capacitación. Que este libro, y todo lo que yo haga, le dé a Él toda la gloria.

LIBRO DE CHEQUES
DEL BANCO DE LA FE

Promesas y palabras de aliento para cada día

C. H. SPURGEON

Dios no ha dado su palabra para después no cumplirla. El cristiano debe tomar sus promesas y aceptarlas por fe. Se trata de un excelente libro de devocionales diarios para todo el año. Edificará tu vida espiritual si adoptas el hábito de leerlo cada día junto con el pasaje bíblico que menciona.

Este libro lleva a sus lectores el mensaje inmutable y eterno: el hombre necesita la salvación y Dios es el único capaz de proveérsela. El autor combina citas bíblicas, ilustraciones estimulantes y las dotes de su personalidad entusiasta para exponer claramente las dulces verdades de la gracia de Dios. El lector no puede menos que sentir la pasión de este "príncipe de predicadores", cuya motivación mayor en la vida fue la de guiar a otros al conocimiento del Señor Jesucristo

El gran predicador londinense Charles Haddon Spurgeon tuvo mucho que decir durante sus cuatro décadas de ministerio en el Tabernáculo Metropolitano. Y más allá de su poderosa voz, la pluma de Spurgeon produjo innumerables palabras de interpretación bíblica y sabiduría cristiana. Estas palabras todavía pueden animarnos hoy en día. Nada motivaba más a Spurgeon que proclamar las Sagradas Escrituras. Su amor por la Biblia te animará a ti también.

El gran predicador londinense Charles Haddon Spurgeon tuvo mucho que decir durante sus cuatro décadas de ministerio en el Tabernáculo Metropolitano. Y más allá de su poderosa voz, la pluma de Spurgeon produjo innumerables palabras de interpretación bíblica y sabiduría cristiana. Estas palabras todavía pueden animarnos hoy en día. Spurgeon nos señala las promesas bíblicas que Dios ha hecho. Esas palabras no solo eran válidas para los antiguos israelitas o para un predicador de la época victoriana. Las promesas eternas de Dios pueden darnos descanso hoy.

El gran predicador londinense Charles Haddon Spurgeon tuvo mucho que decir durante sus cuatro décadas de ministerio en el Tabernáculo Metropolitano. Y más allá de su poderosa voz, la pluma de Spurgeon produjo innumerables palabras de interpretación bíblica y sabiduría cristiana. Estas palabras todavía pueden animarnos hoy en día. El propio Spurgeon se enfrentó a pruebas, desafíos físicos, duras críticas y mucho más, pero se mantuvo centrado en la llamada de Dios para su vida. Este libro te ayudará a hacer lo mismo.

NUESTRA VISIÓN

Maximizar el efecto de recursos cristianos de calidad que transforman vidas.

NUESTRA MISIÓN

Desarrollar y distribuir productos de calidad —con integridad y excelencia—, desde una perspectiva bíblica y confiable, que animen a las personas a conocer y servir a Jesucristo.

NUESTROS VALORES

Nuestros valores se encuentran fundamentados en la Biblia, fuente de toda verdad para hoy y para siempre.

Nosotros ponemos en práctica estas verdades bíblicas como fundamento para las decisiones, normas y productos de nuestra compañía.

Valoramos la excelencia y la calidad
Valoramos la integridad y la confianza
Valoramos el mérito y la dignidad de los individuos y las relaciones
Valoramos el servicio
Valoramos la administración de los recursos

Para más información acerca de nuestra editorial y los productos que publicamos visite nuestra página en la red: www.portavoz.com